KB063456

선생님의 마음공부

선생님의 마음공부

ⓒ 법륜, 2022

초판 1쇄 인쇄 2022년 5월 6일
초판 1쇄 발행 2022년 5월 13일

지은이   법륜
펴낸이   김정숙

기획   이상옥
편집   고길영, 서예경, 이성민, 김옥영

펴낸곳   정토출판
등록   1996년 5월 17일 (제22-1008호)
주소   서울특별시 서초구 효령로51길 7(서초동)
전화   02-587-8991
팩스   02-587-4077
이메일   book@jungto.org

디자인   동경작업실

ISBN   979-11-87297-40-6 (04150)
          979-11-87297-37-6 (세트)

이 책의 판권은 지은이와 정토출판에 있습니다.
이 책 내용의 전부 또는 일부를 재사용하려면
반드시 양측의 서면 동의를 받아야 합니다.

 맑은 마음, 좋은 벗, 깨끗한 땅을 일굽니다.

삶이 조금씩
달라지는 책

선생님의 마음공부

법륜 스님

아이와 교육이야기

정토출판

아이가 어릴 때는
정성을 들여서
헌신적으로 보살펴 주는 게
사랑입니다.
사춘기가 되면
간섭하고 싶은 마음,
즉 도와주고 싶은 마음을
억제하면서 지켜봐 주는 게
사랑입니다.

청소년 문제와
교육 문제 해결의 출발점

우리는 인생의 절반을 배우며 삽니다. 혹은 인생의 대부분을 배우며 산다고 해도 과언이 아닙니다. 그러나 그 배움의 길, 혹은 가르치는 길에 서 있는 학생과 선생님은 자신의 위치에서 어려움을 겪고 있습니다. 누구는 이 사회의 교육제도가 문제라고 이야기하고, 누구는 돈 중심의 가치관이 그 원인이라고 하고 있습니다.

우리 사회의 모순과 문제 가운데 '청소년 문제' 또는 '교육 문제'라는 것이 있습니다. 이것은 청소년만의 문제라든가, 교육만의 문제를 말하는 것은 아닐 것입니다. 우리 역사를 보더라도 일제강점기 때에는 중학생이 역사의 중심이 되었습니다. 또 4.19 때에는 고등학생이 중심이 되었습니다. 민주화운동 때에는 대학생이 중심이 되었습니다. 당시 이들이 우리 사회의 지식인이었습니다. 하지만 지금은 '청소년 문제'와 '교육 문제'의 중심에서 '문제아'가 되고 있습니다. 이것이 비단 이들의 문제인지 깊이 생각해 보아야 합니다.

예전에는 한문의 경전을 외우고 붓글씨로 과거 시험을 보았다면, 현대 교육은 서양 문물을 배우는 시기였습니다. 이제는 이것마저도 끝이 나고 새로운 문화를 창조하는 창의적 교육과 학습으로 전환되고 있습니다. 과거 시험을 보던 경험으로 현대 교육에 대해 조언하는 것이 무의미하듯, 그동안의 교육 시스템으로 어떻게 바뀔지 모르는 미래 교육에 대해 조언하는 것도 의미가 없을 것입니다.

이러한 때, 학생을 바라보는 선생님이나 아이를 키우는

부모님은 어떤 마음을 가져야 할까요? 선생님과 부모의 마음이 편해야 아이들이 건강하게 자랄 수 있습니다. 이 책은 학교 현장에서 열린 법륜 스님과 선생님들과의 만남 시간에서 나눈 대화를 정리한 것입니다. 선생님들은 자신이 느끼는 어려움을 솔직하게 이야기하였고 그 해결 방법에 대해서 진지한 토론을 하였습니다. 이러한 대화가 오가면서 한층 문제의 해결에 가까워지는 공감을 하게 되었습니다.

그동안 가진 대화의 낱낱을 담기에는 이 책이 많이 부족하지만 청소년 문제와 교육 문제 해결의 출발점이라 생각합니다. 학교 현장의 선생님과 아이를 키우는 부모님께 작은 힘이 되었으면 합니다.

정토출판 편집부

어느 수행자의 서원

지금 우리 인류는 인간성 상실, 공동체 붕괴, 자연환경 파괴라는 중대한 위기에 처해 있다. 이 위기를 극복하기 위해서 우리는 불교의 근본 가르침 속에서 그 해답을 찾고자 한다.

첫째, 연기법을 우리의 세계관으로 삼는다.

'이것이 있으므로 저것이 있고, 이것이 없으면 저것도 없다'는 존재의 상호 연관성이 '존재하는 모든 것들의 있는 그대로의 모습'이다. '네가 죽으면 나도 죽고 네가 살면 나도 산다. 네가 불행하면 나도 불행하고, 네가 행복하면 나도 행복하다'는 연기적 세계관에 입각하여 함께 살고 함께 행복해지는 이 길을 추구한다. 여러 가지 꽃들이 모여 하나의

화단을 이루듯이 각자의 다양한 개성이 모여 조화와 균형을 이루게 하여 시기와 질투를 뛰어넘어 사랑을, 대립과 경쟁을 뛰어넘어 화합을, 투쟁과 전쟁을 뛰어넘어 평화를 이루는 새로운 문명을 창조하고자 한다.

둘째, 부처님과 보살을 우리 삶의 모범으로 삼는다.

평생을 가사 한 벌과 발우 한 개로 걸식하며 살아가신 부처님의 삶을 본받아 적게 먹고, 적게 입고, 적게 자며 어디에도 구애받지 않고 살아가는 구도자의 자세를 갖는다. 나아가 중생의 아픔을 자신의 아픔으로 여기고 스스로 사바세계와 지옥 속으로 뛰어들어 중생을 구제하시는 대비 관세음보살님과 대원 지장보살님의 원력을 본받아 일체 중생을 구원하는 대승 보살이 되고자 한다.

셋째, 무아·무소유·무아집을 수행의 지표로 삼는다.

정토세계를 이룩하기 위하여 나를 버리고, 내 것을 버리고,

내 고집을 버리고 오직 중생의 요구에 수순하는 보살이 되

고자 한다. 그리하여 한 생각 돌이켜 사로잡힘에서 벗어나

괴로움도 없고 얽매임도 없는 대자유인(成佛)이 되고자 한

다. 나아가 인류에게 불어닥친 이 위기를 극복하고 행복한

인생(맑은 마음), 평화로운 사회(좋은 벗), 아름다운 자연(깨끗한

땅)을 일구어 살기 좋은 세상 정토淨土를 만들고자 한다.

차례

1.

행복한 선생님

인생을 살면서 우리들은 여러 곳에서 행복을 느낍니다. 사랑하는 사람을 만나는 것도 큰 행복이고, 사랑하는 자식을 낳아 키우는 것도 행복이고, 맛있는 음식을 먹는 것도 행복이고, 취미 생활을 하는 것도 행복입니다. 이처럼 세상에는 우리가 행복을 느낄 수 있는 것들이 많습니다.

옛날 선비들은 그 가운데서 가장 큰 행복이 제자들을 가르치는 것이라고 했습니다. 부처님께서도 어리석은 자를 진리의 길로 인도하는 것을 큰 행복으로 삼으셨고, 그랬기 때문에 45년 동안 하루도 쉬지 않고 중생을 행복의 길로 이끄셨습니다. 열반하시는 날 밤 마지막 순간까지도 부처님께서는 제자 수바드라를 교화하셨습니다. 자신이 갖고 있는 능력을 간직하고만 있는 것이 아니라 다른 사람에게 그것을 전수해 주는 것은 이렇게 보람 있고 기쁜 일입니다.

오늘날 교사, 교수 등 '선생님'이라고 불리는 많은 분들이 교직을 단지 월급 받고 직장 생활을 하는 하나의 직업과 기술로만 생각하고 있지 않나 싶습니다. 스스로가 단지 한 사람의 노동자에 불과하다는 의식을 가지고 있는 것이지요. 또 학생들도 교사를 존경하는 스승이라기보다는 지식과 기술을 가르치는 사람 정도로 인식하는 경향이 있습니다. 선생님들이 학생과 학부형에게, 또는 일반인에게 지식과 기술의 전달자로만 여겨지는 원인에 대해서 교사들 스스로가 깊은 반성을 할 필요가 있다고 봅니다.

◆— **라훌라의 선생님, 붓다**

부처님의 교육법에 대한 이야기를 하나 해 보겠습니다. 부

선생님의 마음공부

처님께서 결혼하신 후 십 년 가까이 아이가 없었습니다. 출가할 생각을 하시고 아이를 갖지 않으시다가, 출가를 하려면 아이라도 낳아 놓고 가라는 부모님의 뜻에 결국 아이를 낳으시고 바로 출가를 하셨습니다.

스물아홉 살에 출가하셔서 6년 동안 수행을 하시고 서른다섯 살에 마침내 깨달음을 얻으셨습니다. 그 후에 많은 이들에게 괴로운 인생살이를 행복하게 할 수 있는 길을 제시하였습니다. 카필라 성이라는 조그마한 나라에서 태어났는데, 인도라는 넓은 세계로 가서 유명해진 것입니다. 요즘 말로 하면, 우리나라 사람이 미국이나 유럽에서 유명해진 것과 같습니다.

깨달음을 얻고 부처님이 되신 후 6년, 출가 후 12년 만에 그렇게 국제적인 인사가 되어 고향으로 돌아오니 그 작은 나라에서 난리가 났습니다. 모든 사람이 다 부처님을 환영하고 칭송하고 기뻐했습니다.

그런데 환영하는 대열에도 끼지 못하고, 기뻐하지도 못하고, 대열 저 뒤쪽에서 우울하고 답답한 마음으로 서있는 한 사람이 있었습니다. 바로 부처님 출가 전 싯다르타 태자

시절의 아내, 야쇼다라 공주였습니다. 부처님께서 왕이 되셨으면 왕비가 되었을 사람인데, 부처님께서 출가 수행자가 되셨으니 부인도 거의 준 수행자적인, 아주 검박하고 검소한 생활을 할 수밖에 없었습니다. 요즘 같으면 이혼하고 헤어져 버리면 되지만, 그 당시 봉건제 가부장적인 사회에서 태자인 남편이 출가해서 고행을 하고 있는데 부인이 호의호식할 수가 없었습니다. 버리고 간 것만 해도 야속한데 12년이나 지나서 돌아온 남편은 위로를 해주는 것도 사과를 하는 것도 아니었습니다. 궁 안에 들어오지도 않고 수많은 환영 인파 속에서 법문을 하시는데, 이미 부처님이 되셨으니 부인이라고 나설 수 있는 자리도 아니었고 당시 사회에서 그 입장은 굉장히 애매모호했습니다.

부처님께 아들을 인사시킬 기회가 생겼을 때 부인은 아들에게 "저기 계시는 저분이 너의 아버지시다. 가서 인사드려라. 인사드리면서 아버님께 상속물을 달라고 말씀드리거라" 하고 시켰습니다. 수행자에게 상속물을 달라고 하라는 말 속에는 그분이 갖고 있던 마음의 아픔이 배어 있다고 볼 수 있습니다. 아들은 어머니가 시키는 대로 아버지께 인사를 하고는 "아버님, 저에게 상속물을 물려주십시오"라고 말했습니다. 부처님께서는 한동안 침묵하고 계시다가 옆에 있던 첫 번째 상수 제자인 사리푸트라에게 아들을 출가시키라고 하셨습니다. 그것이 상속물이었던 셈입니다. 원래 출가는 자발적으로 해야 합니다. 누구든 강제로 시켜서는 안 되며 스무 살 아래의 미성년자는 더욱 그렇습니다.

부처님의 아버지이며 아이의 할아버지인 정반왕은 이 소식을 듣고 심한 충격을 받았습니다. 부처님께서 출가하신 상황에서 손자마저 출가를 해버렸으니 왕위를 계승할 사람이 없었습니다. 정반왕은 이후로는 미성년자가 출가할 때는 반드시 부모의 승낙을 받게 해달라는 건의를 했고, 부처님께서는 이 건의를 받아들이셨습니다. 하지만 라훌라의 아버지는 부처님이었기 때문에 부모의 승낙을 받아야 하는 경우에도 그의 출가는 합당한 것이었습니다.

그런데 당시 출가 수행자의 거처가 요즘 절의 형편과는 달랐습니다. 나무 밑이나 숲 속에서 생활하고, 시체를 싸서 갖다 버린 분소의라는 천으로 몸을 가리고, 밥은 남의 집에 가서 동냥해 먹는 생활이었습니다. 대부분의 수행자들은 성년이 되어서 자발적으로 출가하기 때문에 그런 형편을 감수해 내지만, 라훌라는 어린아이인데다 왕궁에서 자랐고 타의에 의해 수행자가 되었으니 생활하기가 매우 힘들었을 것입니다. 게다가 어른들하고만 있으니 뭐든 지루하고 힘들어 못 견뎌 하고, 장난기가 심해져 거짓말까지 하게 되었습니다. 부처님께서 여기 계실 때는 저기 계신다고 하고, 저기 계시면 여기 계신다 하고 자꾸 말썽을 피웠습니다. 그러자 왜 어린아이를 데려와서 조용한 수행 도량을 소란하게 만드느냐는 불만이 수행자들 사이에서 나왔습니다. 형편이 이러한데도 부처님께서는 아무 말씀도 하지 않으셨습니다.

부처님께서 어느 날 외출을 하고 돌아오셨습니다. 당시에는 맨발로 걸어 다녔기 때문에 집에 손님이 오거나 하면 대야에 물을 떠서 발을 씻겨 주는 것이 최고의 예우였습니다. 부처님께서 라훌라에게 새 대야를 주시면서 물을 떠 오라고 하시니 말씀대로 라훌라는 물을 떠 왔고, 다시 발을 씻기라고 하시니 라훌라는 부처님의 발을 씻겨드렸습니다. 그러고 나서 부처님께서는 라훌라에게 발 씻은 물을

선생님의 마음공부

마시라고 하셨습니다. 라훌라는 발 씻은 더러운 물은 마실 수 없다고 했습니다.

그래서 부처님께서는 물을 버리고 오라고 하셨고 라훌라가 그 말씀대로 물을 버리고 오자, 내일 아침에 탁발을 나갈 때 이 대야를 가지고 가서 밥을 받으라고 하셨습니다. 라훌라는 더러운 그릇에다 어떻게 밥을 받아먹느냐며 싫다고 대답했습니다. 그러자 부처님께서는 그 대야를 던져버리면서 말씀하셨습니다.

"대야는 본래 깨끗하고 물도 깨끗하다. 그런데, 거기에 더러운 발을 씻었기 때문에 물도 더러워지고, 대야도 더러워진 것이다. 물은 본래 깨끗한 것이지만 더럽혀져서 아무도 마시려고 하지 않는다. 대야 또한 본래 깨끗한데 더러운 물을 담았기 때문에 아무도 그 대야를 사용하려고 하지 않는다.

그처럼 네 마음도 본래 깨끗하지만 네가 자꾸 거짓말을 하니 그 마음이 더러워졌고, 그 더러워진 마음을 담고 있는 네 몸마저도 사람들이 더럽게 여긴다. 그래서 사람들이 너를 좋아하지 않으며, 내가 이 대야를 버리듯이 사람들이 널 버리고 멀리하는 것이다."

이 말을 들은 라훌라는 마음에 큰 변화가 오고 깨달은 바가 있었습니다. 그 이후에는 부지런히 정진을 해서 아들이라서가 아니라 자기 능력으로 부처님의 그 많은 제자 가운데서 십대 제자 중 한 분이 되었고, '밀행제일密行第一 라훌라'라고 불리게 되었습니다.

◆── **인생의 길을 가르쳐주는 선생님**

이것은 선생님들이 가르치는 초등학교 상급생 또는 중학생 정도 되는 말썽꾸러기에 대한 교화 사례가 될 수 있겠습니다. "너 거짓말하면 되겠어? 그러지 마" 하고 직설적으로 훈계하는 방식이 아니고, 대야에 물을 떠와서 무언가를 보여주면서 스스로 잘못을 깨치도록 해주는 일종의 현장학습이라고 할 수 있습니다.

그런데 이렇게 하기가 매우 어렵습니다. 제자가 잘못하는 것을 보면 스승은 기분이 나빠져서 분풀이를 하게 됩니

선생님의 마음공부

다. 말은 아이를 위해서라고 하지만 사실은 자기 기분 나쁜 것을 참지 못해서 화를 내거나 혼내는 방식이 되기가 쉽습니다. 물론, 잘못하는 것을 보지 않으면 마음은 편안합니다. 그러나 보고도 편안해야 하는 것입니다. 보고도 편안해지려면 무엇보다 상대방이 아이라는 사실을 인정해야 합니다.

나와 동등해서 나와 시비할 수 있는 대상이 아니라 배우는 과정에 있는 학생이며, 그 나이에는 여러 가지 시행착오를 거듭할 수밖에 없고 지금은 그것을 다듬어 가는 과정에 있다는 것을 받아들여야 합니다. 그러한 성장의 과정에서 자신이 어떻게 도움을 줄 것인가 하는 것이 가르치는 사람, 즉 선생님이 해야 할 역할인 것입니다.

환자를 치료하는 것이 의사의 역할이듯이 그것이 바로 사회적으로 선생님들에게 주어진 역할입니다. 아이들은 지금 배움의 과정에 있습니다. 과정에 있다는 것은 미완성이라는 뜻이며, 완성을 향해서 가는 과정에는 온갖 우여곡절이 있게 마련입니다. 여러분들은 그런 아이들을 잘 다독거려서 모가 난 것은 좀 깎아내고, 부족한 것은 채워주는 역할을 사회적으로 부여받은 것입니다. 이럴 때 마음가짐이 굉장히 중요합니다. 자라는 아이들에게는 여러 가지 문제가 있고 그 문제를 해결할 수 있도록 돕는 역할을 하는 것이 선생님이며, 그것이 바로 선생님이라는 직업입니다.

직업이란 것은 밥벌이 수단일 뿐만 아니라 사회에서 맡은, 공동체 안에서의 자신의 역할입니다. 이런 것을 생각하면 순간순간은 좀 힘들 수가 있지만, 일 전체가 힘들게 느껴지지는 않습니다. 말썽 피우는 아이들 서너 명을 보살피는 것이 어쩌면 선생님들의 주된 역할일 수도 있습니다. 아이들에게는 지식을 습득시켜 주어야 할 역할, 살아가면서 발생하는 문제를 전문적인 상담자로서 또는 선임자로서 조율하고 잡아주는 역할, 또 자기 자신은 일정한 행정 업무를 소화해야 하는 역할, 이런 몇 가지 역할이 교사에게 있는 것이지요.

교사는 오로지 공부만 가르치는 사람이라고 규정지으면 안 됩니다. 학교의 교사는 지식 전달자와 인생 상담자의 역할 중 인생 상담자 역할의 비중이 높은 것이 일반 학원 선생님과 다른 점이라고 할 수 있습니다.

◆── 연구하는 선생님

어린아이의 특징은 '따라 배우기'입니다. 아이가 한국에 있으면 한국말을 따라 배우고, 미국에 가면 미국말을 따라 배웁니다. 이런 시기의 어린아이들은 어른이 전적으로 보살펴 주어야 합니다. 그러다 점점 자라면서 자아가 형성되고 약간의 자립심과 비판 의식도 생깁니다.

사춘기를 넘어가면 '따라 배우기'가 줄어들면서 조금씩 자립하려는 시도를 하게 되고, 몸은 거의 어른에 가까워집니다. 옛날에는 몸이 어른의 문턱에 들어설 때 사회인으로서 어른 대우를 해주고 결혼도 시켰습니다. 그러다 보니 요즘 말하는 청소년 문제라는 것이 생길 수가 없었습니다.

이처럼 아이들의 특징과 특성을 알아야 합니다. 아이가 어릴 때는 그냥 엄마가 운전하는 차를 잘 타고 다니다가 어느 날부터는 자기가 직접 운전하고 싶어 하고, 결국 부모가 없는 동안에 자동차를 몰아보게 되기도 합니다. 굉장히 위험한 일이지만, 사실은 그것이 정상적인 것입니다. 해 보고 싶은 것을 그냥 따라가는 게 아니라 나름대로 한번 해 보고 싶다는 마음이 생기는 것입니다. 아이들이 사춘기 시기가 되면 이전 시기의 전적인 보살핌에서 벗어나 자립할 수 있도록 어른이 도와주는 노력이 필요합니다.

그런데 요즘은 몸은 어른이 되었는데 어른 대우를 받지 못하니 아이들이 결국은 어른 흉내를 내려고 하게 됩니다. 바로 이런 부분에서 저항과 마찰이 생기는 것이 아니겠습니까? 담배와 술을 접하고 이성을 사귀며 어른 흉내를 내는 행동들이 모두 일종의 몸부림이라는 것입니다. 이렇게 시각을 달리해서 보면 아이가 말썽을 피우는 것으로 보지 않을 수 있습니다. 자연의 흐름에 맞게 역할을 주면 아무 문제가 없는데, 지금 교육 시스템과 사회적인 제도가 자연적인 인간 성장의 흐름과 균형이 맞지 않아서 생기는 문제라고 볼 수 있는 것이지요.

새는 새끼가 어릴 때는 어미가 먹이를 물어다 먹이고 보살피지만, 날개에 털이 나기 시작하면 같은 새끼끼리 경쟁을 붙입니다. 어미가 조금 떨어져서 먹이를 물고 기다리면, 먼저 먹으려고 기어 나오는 놈이 이기게 됩니다. 어미가 똑같이 먹여주지 않으니, 적극적으로 먹으려고 하는 놈은 많

선생님의 마음공부

이 먹고 빨리 자라서 더 먹게 되고, 뒤에 처지는 놈은 계속해서 잘 먹지 못하게 됩니다. 그러나 어미는 뒤에 처지는 약한 새끼를 보살펴 먹이는 행동을 절대로 하지 않습니다. 굶어 죽지 않을 정도로 먹이기는 해도 날 수 있을 때쯤 되면 절대로 먹이를 주지 않습니다. 어미가 밖에 나와 있으면서 새끼들이 둥지 밖으로 나올 수 있도록 유도하고, 그 이후에는 날 수 있는 새끼에게는 먹이를 주지 않습니다. 그렇게 해서 결국은 새끼를 모두 자립시키게 됩니다.

이처럼 아이가 어릴 때는 무조건 보살펴야 하고, 사춘기가 되면 자립시켜야 합니다. 시행착오를 거듭할 수 있는 기회를 아이에게 주어야 합니다. 큰 울타리를 쳐 놓고 새가 땅에 떨어져 죽지 않을 정도의 범위 안에서 모험을 해야 하는데, 보살펴야 할 어린아이 때에는 제대로 보살피지 않고, 시행착오를 거듭하며 자립해야 할 시점에서는 계속 보호하려고 하니 아이가 제대로 크지 못하는 것입니다.

특히 부모가 그렇고 학교도 그렇습니다. 그러니 아이들에게 자립심이 없어지고 덩치는 어른 같은데 행동은 어린아이 같아서 선생님들도 힘이 드는 것입니다. 한번 생각해 봅시다. 일제시대 때 누가 주로 독립운동을 하고 만세 운동을 했습니까? 중학생과 고등학생이었습니다. 4·19 때는 고등학생이 주축이었고 80년대에는 이 나라를 대학생들이 끌어갔습니다. 그런데 요즘 대학생들은 어린아이 같기만 합니다.

◆— **지혜로운 선생님**

우리가 아이들을 위한다는 것이 정말 아이를 위하는 것인지, 아니면 자기의 집착이나 생각인지를 고려해봐야 합니다. 어릴 때는 보살펴 주는 것이 사랑이고, 크면 정을 떼 주는 것이 사랑입니다.

그런데 오늘날의 부모는 사랑이 없습니다. 어릴 때는 아이를 남한테 맡겨놓고 자기는 직장에 다닙니다. 이것은 사랑이 아닙니다. 자기 인생이 더 중요하지, 아이가 중요한 것은 아니라는 태도입니다. 아이가 이 세상에 태어나면 부모로부터 보살핌을 받을 권리가 있고 부모라면 아이를 보살

선생님의 마음공부

필 의무가 있는 것인데 어린아이에 대한 책임을 다하지 않습니다. 또, 아이가 성장하면 자기가 자기 인생을 개척하고 시행착오를 거듭할 권리가 있는 것인데 그때에는 오히려 부모가 아이에게 그 권리를 주지 않습니다. 이것도 사랑의 결핍입니다.

어릴 때는 힘들지만 보살펴야 하고 집착을 떼야 할 시기가 오면 그 아이의 미래를 위해서 자립할 수 있도록, 아이가 여러 가지 시행착오를 거듭하면서 스스로의 길을 열어갈 수 있도록 멀리 떨어져서 지켜보는 아픔을 견뎌야 하는 것입니다.

그런 문제점을 가진 아이들이 학교에 와 있으니 선생님들이 힘이 드는 것은 당연합니다. 선생님들은 내가 부모도 아닌데 수업 시간에 적당히 가르치면 끝나는 것이라고 생각하고, 부모는 그 아이의 문제를 선생님이 조정해 주기를 바랍니다. 양쪽 모두 책임을 회피하는 것입니다. 아이가 자기 나름대로 시행착오를 거듭하는 것을 누가 지켜봐 줄 것인가, 그런 과정을 통해서 자각할 수 있도록 누가 냉철하게 기다려 줄 것인가, 또 그 아이가 몸이든 마음이든 병이 들었을 때 누가 그것을 애정을 갖고 보살펴줄 것인가 하는 것이 문제입니다. 요즘은 부모도 그런 역할을 기꺼이 하려고 하지 않습니다.

선생님들만 큰 사명감을 가지라는 것은 아닙니다. 이것은 우리 사회 안에서 모두에게 주어진 '공공의 의무'라고 할 수 있습니다. 즉, 우리 사회 안에서의 분담된 자기 역할을 어느 정도 수행해 주어야 한다는 것이죠. 힘들어 해서는 안 됩니다. 당연하게 받아들이고 그 문제를 정면으로 응시해야 합니다. 이러한 태도가 가장 중요합니다. 내 자신의 일이라는 적극적인 자세가 있으면 선생님들 마음에 있는 부담의 칠십 퍼센트는 없어져 버립니다. 그런 기본적 태도 위에서 이 문제를 기술적으로 어떻게 다룰 것인가 하는 현실적 방안이 필요한데, 그것은 오히려 우리가 논의를 하면 금방 해결할 수 있는 문제입니다.

그러려면 선생님들부터 먼저 인생에 대한 원리를 배우고 연구하는 태도를 가져야 합니다. 초등학교 선생님이면 초등학교 아이들의 마음가짐, 동작, 행동 양식 등을 연구해야 하고, 시골에 가서 살면 시골 아이들의 특징, 그 특징

가운데에서도 또 각각의 특징, 여자 아이의 특징, 남자 아이의 특징을 연구해야 하고, 결혼해서 살면 이성의 특징, 아이 낳아 키우면서는 어린아이의 특징… 이런 것들을 늘 탐구해야 합니다. 사람과 인생의 원리, 특성을 연구하고 이해해야만 거기에 적절히 맞추거나 지혜롭게 대응할 수 있는 방법을 찾을 수 있게 되는 것입니다.

그런데 아무리 인격적 측면에서 교사의 역할이 중요하다고 하더라도, 수학 선생님이면 무엇보다 수학을 잘 가르쳐야 합니다. 그것을 기본으로 하고 다른 것도 또한 갖추어야 하는 것입니다. 기본 자체가 부족하면 다른 것은 모두 소용없는 일이 되어버립니다.

식당에 밥 먹으러 갔을 때, 시설도 잘 갖추어져 있고 친절하고 다른 조건들이 아무리 좋더라도 가장 중요한 것은 음식 맛입니다. 기본이 갖추어진 후에 다른 조건들이 더해져야 합니다. 그러기 위해서 제일 중요한 것은 질문을 많이 받는 것입니다. 질문을 받다 보면 물론 모르는 내용이 많이 나오고 창피한 마음에 자꾸 질문을 피하게 되는데, 질문을 받으면 아이들이 무엇을 모르는지를 알 수 있습니다.

편하게 질문을 받으세요. 내가 모르는 것을 너무 부끄럽게 생각할 필요가 없습니다.

◆─　　실패 속에 성공을 아는 선생님

지금까지 이야기를 한번 정리해 보면, 먼저 선생님들이 자기 전공에 대해서 꾸준히 연구하고, 모르는 사람의 심정, 배우는 사람의 심정을 고려하고, 아는 내 입장에서 바라보면 안 됩니다.

　그리고 아이들에 대한 연구를 하셔야 합니다. 아이에게 몇 가지 문제가 있다면 이렇게 저렇게 해결책을 시도해 봅니다. 뜻대로 되지 않는 경우를 만났을 때 오히려 굉장히 큰 공부가 되고, 처음부터 문제가 잘 해결되면 학습이 끝나버리는 것입니다. 일이 잘 되지 않을 때 새로운 개척과 개발이 나오는 것이고 쉽게 이루어지면 발전이 없습니다.

　그런데 학생들의 질문 중에 선생님이 두세 개를 모른다면 선생님에게는 굉장한 발전의 기회가 오는 것입니다. 몰

　　　　　　　　　　선생님의 마음공부

랐던 것을 찾아서 알게 되면 내 자신이 그만큼 향상되는 것 아니겠습니까? 모르는 것을 겁낼 필요가 없습니다. 모르는 것은 배워서 알면 되는 것이니, 아이들에게도 모른다고 야단치면 안 됩니다.

또 학교에서 문제라고 말하는 아이들이 정말 문제아인지 다시 한번 생각해 보십시오. 요즘은 평균에서 벗어난 아이는 모두 문제라고 생각하지 않습니까. 그런 아이가 있다면 그 아이의 경우를 가지고 연구해 보세요. 부모 책임을 물으려 하지 말고, 가정 방문을 해서 부모와 상담을 해 보면서 연구를 하는 것입니다. 그 아이의 문제 가운데 어떤 것은 아이 자신의 문제이고, 어떤 것은 엄마로부터 왔으며, 어떤 것은 아빠로부터 왔고, 또 어떤 것은 가정불화로부터 왔는지 등을 연구하면 이 분야의 전문가가 될 수 있습니다. 그러니 한 반에 문제아 한두 명 있는 것은 좋은 일입니다. 이런 식으로 연구하는 태도가 필요합니다.

이와 같이 인생을 늘 적극적이고 긍정적으로 생각하십시오. 욕심이 앞서면 좌절합니다. '세 번이나 했는데도 안 됐다'라는 식으로 생각하면 좌절하고 절망하게 됩니다. 세 번 안 되면 네 번 하고, 네 번 안 되면 다섯 번 하면 됩니다. 실패하는 것과 좌절하는 것은 아무 상관이 없습니다. 실패할수록 새로운 것을 자꾸 개척하게 되면, 실패는 성공의 어머니가 되는 것입니다. 실패는 나쁜 것이 아닙니다. 인류 역사가 다 실패의 연속입니다. 그 실패를 통해서 늘 새로운 것을 발견하고 새로운 것을 배우게 됩니다.

선생님의 마음공부

2.

선생님의 마음

◆— 수업시간이 두려워요

교사라면 늘 닥치는 일이 수업인데도 수업을 앞두고는 불안감에 휩싸여 시간이 있어도 다른 일을 전혀 하지 못합니다. 수업시간에는 수업에 몰두하다 보면 불안감이 없어지고, 수업이 끝나면 마음이 편안해집니다. 이런 일이 일상적으로 반복되는데 그런 불안감에서 벗어나려면 어떻게 해야 할까요?

어떤 일을 할 때 마음이 좀 불안한 현상은 질문하신 분에게만 나타나는 게 아니라 대부분의 사람에게서 나타납니다. 가수들을 보면 대중 앞에서 얼마나 자유롭게 노래합니까. 그런 사람도 개인적으로 상담해 보면 무대에 올라서기 전에 늘 마음이 불안하고 조마조마하다고 합니다. 또 연속극을 보면 연기자들이 얼마나 연기를 잘합니까. 그 사람들도 마찬가지로 연기하면서 초조해합니다.

그러면 질문한 분을 비롯해서 우리 모두가 어떤 일을 시작할 때 왜 이렇게 마음이 떨리는 걸까요? 첫 번째, 심리적으로 현재 일어나지 않은 일을 미리 생각하기 때문에 그렇습니다. 수업에 대해 생각하면 아직 수업을 안 하는데도 마음에서는 수업하는 것과 똑같은 심리 현상이 일어납니다.

그러나 과거의 어떤 일을 기억한다든지 미래의 일을 생각한다고 반드시 이런 심리 현상이 일어나는 것은 아닙니다. 그 일으킨 생각에 사로잡히기 때문에 일어나는 것입니다. TV나 영화, 소설 등에서 슬픈 장면을 보고 울다가 정신 차리면 아무 것도 없고 코드 빼고 나면 기계밖에 없는데 왜 울까요? 그 상황에 사로잡힌 상태에서는 심리 현상이 현재에 일어나는 것과 동일하게 반응하기 때문입니다.

선생님의 마음공부

그 영상이 현재화되는 것이지요. 이걸 '사로잡힌다'고 합니다. 한 생각 일으켜서 거기에 사로잡혀 버리면 이게 현실인 줄 착각하는 것입니다. 사실이 아닌데 사실이라고 착각을 하는 것입니다. 미래에 대한 생각을 일으켜 거기에 사로잡히면 초조하고 불안해서 근심 걱정이 생기고, 과거의 기억을 떠올려 거기에 사로잡히면 괴로움이 생깁니다.

두 번째, 아이들을 잘 가르치려고 하는 강박관념을 갖고 있기 때문입니다. 자기가 잘 가르치려 한다고 잘 가르칠 수 있는 게 아닙니다. 그냥 자기 능력껏 가르치면 되는데, 능력 이상의 좋은 평가를 받고 싶은 마음 때문에 불안해지는 겁니다.

세 번째, 아이들 질문에 대한 부담 때문에 그럴 수 있습니다. 아이들이 질문했을 때 혹시 모르면 창피해서 어쩌나 하는 심리적 부담 때문에 불안한 것이지요. 이건 선생님뿐만 아니라 직장 다니는 많은 사람들도 이런 일에 대한 부담감으로 일을 감당하지 못해 불안해합니다. 지금은 초조하고 불안한 정도지만, 이게 심해지면 우울증이나 정신분열같은 정신질환으로 가게 됩니다.

그래서 첫째, 대범하게 마음을 가지세요. 둘째, 잘 가르치려는 생각을 버리세요. 잘 가르치고 싶다고 잘 가르쳐지는 건 아닙니다. 잘 가르치겠다는 것은 욕심입니다. 자기 재주껏 그냥 가르치면 됩니다. 아이들을 가르치기 위한 준비를 하되 준비한 만큼 가르치라는 것입니다. 그리고 선생님이니까 다 알아야 한다고 생각하는데 선생님이라고 다 알 수는 없습니다. 우리가 이 세상에 관해 아는 것들은 사실 털끝만큼도 안 됩니다. 많이 알아야만 선생님이 되는 것이 아닙니다. 아이들을 아는 쪽으로 가도록 지도해주는 것이 선생님의 중요한 역할입니다. 선생님의 사명은 아이들이 공부를 잘 할 수 있도록 안내해주는 것입니다. 처음부터 모든 것을 다 아는 것이 아닙니다.

셋째, 준비를 해서 최선을 다해 가르치되 자신이 모를 수도 있다는 편안한 마음을 가지세요. 부담을 갖는다는 것은 능력 이외의 평가를 바라는 데서 오는 것입니다. 내가 준비한 만큼 가르치고, 평가는 그들의 몫이라고 생각하십시오. 상대가 하는 평가를 자꾸 내 의도대로 맞추려고 하면 내가 괴로워집니다. 앞으로 선생님들도 대학교수들처럼

선생님의 마음공부

학생들한테 강의에 대한 평점매기기를 하게 되면 교사들에게 이런 부담감이 커질 것입니다. 그렇게 되면 직업병을 앓는 사람이 더 많이 생길 것입니다. 이런 평가에서 자유로울 수 있어야 오히려 가르치는 일을 더 잘할 수 있습니다.

그래서 아이들 질문을 부담 없이 받아 모르는 것은 잘 모르겠다고 편안하게 말할 수 있어야 합니다. 한두 번만 편안하게 말하면 그 다음부터는 괜찮아집니다. 이걸 안 보이려고 하다보니까 수업 종칠 때까지 강의를 해서 질문할 시간을 안 주고, 질문을 하면 쓸데없는 질문한다고 구박하게 되는 겁니다. 질문하면 다 알고 대답해야 한다는 강박증 때문에 자꾸 수업 들어가기가 싫어지고 힘들어질 수 있습니다. 선생님이 스스로 창피하다고 생각하면 아이들도 "저 선생님 실력 없다"라고 말합니다. 그런데 그걸 탁 꺼내 놓고 이야기하면 그런 소리 한두 번 하다 그 다음에는 오히려 그 선생님을 좋아하게 됩니다. 뭐든지 물어보면 100% 아는 선생님을 아이들이 좋아하는 게 아니에요. 아이들은 선생님이 모르는 게 있으면 '선생님도 뭐 우리와 같네' 이런 생각이 들기 때문에 오히려 그런 선생님한테 친근감을 느끼고 편안하게 생각합니다. 실력도 없으면서 실력 있는 척하면 자기 어깨만 무거워지기 때문에 이렇게 탁 터놓고 이야기하는 게 오히려 낫습니다.

많이 아는 것과 잘 가르치는 것이 반드시 비례하는 것은 아닙니다. 잘 가르친다는 것은 배우는 사람의 심정을 잘 이해해주는 것입니다. 아이들이 공부가 안 될 때의 심정을 교사가 이해해주면 아이들은 굉장히 좋아합니다. 그러니 자신이 많이 아는 데에 초점을 맞추지 마세요. 모르면 연구해서 최선을 다해 가르친다고 마음을 내면 수업이 훨씬 편안해질 수가 있습니다. 모르는 게 있어야 발전합니다.

매일 실험하듯이 수업을 편안하게 해 보고, 모르는 질문도 받아보세요. 그럴 때 얼굴이 약간 붉어지면 '또 너 잘났다고 생각하는구나.' 이렇게 자기를 보면서 자신의 문제를 알아차리는 게 필요합니다.

'내가 아는 것을 저 사람이 모를 수도 있고, 저 사람이 아는 것도 내가 모를 수도 있다.' 이렇게 생각해야 우리가 인생을 사는 데 부담이 없어집니다. 이런 걸 연습 삼아 한 번 해 보세요. 그걸 어떻게 하나 싶어도 한두 번 해 보면

선생님의 마음공부

아무 것도 아닙니다. 이런 식으로 하다 보면 극복이 될 수 있습니다.

그럼에도 불구하고 남 앞에서 뭘 가르친다는 것 자체가 부담스럽다면 직업을 바꾸십시오. 가르치는 것이 진짜 적성에 안 맞고 고역인 사람은 직업을 바꿔야 합니다. 적성에 안 맞는 걸 억지로 하면 그 일이 고통스럽게 느껴지기 마련입니다. 그런데도 경제적 문제 때문에 그만두지 못한다면, 돈 때문에 매어서 살아야 되고 늘 위선적으로 살아야 됩니다. 딱 내려놓고 자기가 편안하고 잘할 수 있는 일을 찾아 가는 게 좋습니다. 비록 월급이 절반이 되고, 자신에 대한 평가가 안 좋아진들 무슨 상관입니까. 남이 뭐라고 하던 그런 것은 별로 중요하지 않습니다.

그러니 자신의 문제가 어떤 이유에서 온 것인지 진단을 하십시오. 그게 잘 안 되면 방학 때 정토회 수련 프로그램인 '깨달음의 장'에 가서 자기 성찰을 좀 해야 합니다. 우리는 자기 자신을 잘 알고 있다고 생각하지만 사실은 '자신이 알고 있는 나'와 '실제의 나'는 다릅니다. 그걸 깊이 성찰해서 어떻게 다른지 아셔야 합니다. 그래서 자신의 껍질을

한 꺼풀 벗고 나면 훨씬 편안하게 수업에 임할 수 있게 됩니다. 그래도 안 되면 선생님 역할을 놓아 버리면 됩니다.

◆── 아이들을 의심해요

40명의 아이들을 맡아서 담임을 하다 보니 마음의 병이 생겼습니다. 바로 의심병입니다. 거짓말로 위기를 넘기려는 아이들에게 여러 번 상처를 받다 보니 어느 순간부터 아이의 말이 진실인지 확인하기 시작했습니다. 웬만하면 믿어주고 양해해주는 쪽으로 지도하는데 뒤늦게 밝혀지는 진실에 더 큰 상처와 의심이 생깁니다. 학생의 변화 가능성을 믿고 희망을 안겨줘야 할 것 같은데 그렇게 하려면 어떻게 해야 하는지 실천적 측면에서 사례와 함께 말씀을 듣고 싶습니다.

규칙에 어긋나면 문제를 제기해야 합니다. 그냥 봐준다는 건 규칙을 만들지 말자는 것과 똑같아요. 가장 중요한 건 규칙을 어긴 것에 대해서 아이가 반성을 해야 효과가 있습니다. 학생이 열을 잘못했는데 선생님이 열을 야단치거나 여덟을 야단치면 학생이 반성할 수 있습니다. 그런데 학생이 열을 잘못했는데 선생님이 스물 정도로 혼내면, 학생은 자신이 잘못한 것은 온 데 간 데 없어지고 억울한 생각만 하게 됩니다. 억울한 생각이 가득해지면 반성이 안 되기 때문에 반감만 생기고 학생의 잘못된 습관은 고쳐지지 않습니다.

아이가 말을 안 들어서 괴롭다는 말은 '아이가 나를 괴롭혔다'는 얘기인데, 사실은 말을 안 듣는 아이를 보고 '내가 괴로운 것'입니다. 내가 화가 나는 겁니다. 그 아이는 다만 자기 마음대로 행동한 것뿐인데 내가 내 마음에 안 들어 화가 난 것입니다. 본인의 마음을 스스로 다스릴 수 있는 힘이 생기면 그런 학생을 보고도 화가 나지 않습니다. 그러니 아이들을 야단치거나 의심하기 전에 먼저 자기 수양을 해야 합니다. 아이들의 행동이 마음에 안 들거나 잘못되었다 싶을 때 그것이 나에게 괴로움으로 다가오지 않게 차단하는 힘을 키우는 것이지요.

선생님들은 많이 참습니다. 한 번 참고 두 번 참고 세 번

참으면, 네 번째는 터지기 쉽습니다. 선생님이 아이를 야단치는 걸 넘어 폭력이라고 느낄 만큼 심하게 혼내는 것은 그 선생님이 나쁜 사람이어서가 아니라 참았다 폭발해서 그렇게 되는 것입니다. 참으면 안에서 압력을 많이 받거든요. 그래서 참을 것이 없어야 합니다. 자기 수양을 해서 아이들이 그 정도 뛰어놀고 장난치는 것 정도는 편안하게 볼 수 있어야 합니다. 그런 상태에서 아이들의 잘못을 고쳐줘야 합니다. 잘못하는 아이들을 그냥 놔두면 안 되고 훈련을 시켜 고쳐야 합니다. 자기 식대로 안 된다고 무조건 화를 내면 아이들과 부딪칠 일이 많아집니다.

요즘은 대개 부모들이 자식을 한둘만 낳기 때문에 자식을 애완동물 키우듯이 키워서 아이들에게 질서가 없습니다. 우리가 클 때랑 다릅니다. 그 다른 걸 어른들이 모르니 자꾸 문제가 생깁니다. 사람을 늑대 무리에서 키우면 늑대가 되어서 삽니다. 미국에서 자란 사람은 미국식으로 행동하고, 한국에서 자란 사람은 한국 사람으로 행동합니다.

선생님들은 자꾸 자기가 컸을 때의 소프트웨어와 지금 아이들의 소프트웨어를, 즉 까르마를 동일하게 생각하니다. 여기에서 착각이 생기는 것입니다. 아이들은 그렇게 자랐기 때문에 어른이 아무리 이야기해도 무슨 말인지 알아듣지 못합니다. 자식을 하나만 낳아 키운 집의 아이와 셋 낳아 키운 집의 아이는 다릅니다. 왜냐하면 형제가 있을 때 그들만의 질서는 부모가 잡는 게 아니라 형이 잡기 때문입니다. 부모는 아이한테 이길 수가 없어서 봐주지만 형은 안 봐줍니다.

우리가 인간으로 성숙하는 원리는 집에서는 형제 사이에서 질서의식이 잡히고, 학교에 가서는 선후배 사이에서 질서의식이 잡히기 때문입니다. 요즘 아이들은 외둥이로 혼자 자라기 때문에 그런 질서 의식이 부족합니다. 귀여움만 받고 자라서 어디서든 귀여움 받을 생각만 하지 남을 배려하는 마음은 거의 없다고 보셔도 무방합니다. 선생님 말대로 하려고 해도 습관이 안 되어 있어 못 하는 것입니다. 사고와 습관이 그렇게 안 되어 있기 때문에 야단을 쳐도 그게 받아들여지지 않고 오히려 역효과만 나기 십상입니다. 그러니 학교에서 새로 훈련시켜야 합니다. 요즘 아이들의 성향이 그렇다는 것을 처음부터 알고 각오해야 합니다.

질문하신 분은 자기가 말하면 아이들이 다 들을 거라고 생각합니다. 그러니까 의심병에 걸리는 것입니다. 하지만 아이들이라고 교사의 말을 다 듣는 것은 아닙니다. 가르치고 질서를 잡되 안 될 수도 있다는 것을 내가 미리 알고 있어야 합니다. 지각한 아이에게 왜 지각했냐고 물었는데 아이가 거짓말을 했을 때, 아이를 봐주려면 그냥 봐 주세요. 나중에 거짓말이라고 밝혀지더라도 그냥 웃어주세요.

그러나 질서는 잡아줘야 합니다. 그것이 한두 번 이야기한다고 되는 것은 아닙니다. 아이들이 그 순간에는 진실을 말했을 수도 있어요. 숙제를 해오라고 했는데 "네, 해오겠습니다"라고 대답해 놓고는 놀다가 노는 데 정신이 팔려서 숙제를 잊어버릴 수 있습니다.

이렇게 세 번 정도 잊어버리면 '상습적이다'라고 말하지만, 우리들도 아무리 결심해도 안 되는 것이 있는 것처럼 다 그렇게 거짓말했다고 보시면 안 됩니다. 아이들이란 대체로 그만한 나이에는 거짓말하는 존재라고 이해하는 마음을 가지고 아이들을 진실하게 대해 보세요. 이런 식으로 접근을 해가면 아이들 문제도 잘 해결될 수 있습니다.

◆— 아이들이 수업에 집중하지 않아요

저는 경력 5년차 중학교 교사입니다. 제 딴에는 최선을 다 해서 수업을 하는데 반 이상의 아이들이 자고 떠듭니다. 수준 차이가 심한 아이들 30여 명을 한 교실에 모아 놓고 오로지 점수만을 중요하게 여기며 학교 교육을 소홀히 여기는 분위기가 한 원인이라고 생각합니다. 일단은 아이들에게 정성을 다 해서 수업하지만, 제가 봐도 지금의 교육 시스템 자체가 문제입니다. 도대체 이 시스템 안에서 제가 할 수 있는 최선의 방법은 무엇이고, 아이들에게 어떤 말을 해줄 수 있을까요.

수업 시간에 아이들이 조는 것이 문제란 말이지요? 그러면 자신의 강의를 녹화해서 한번 들어보세요. 자신이 들어서 졸리면 아이들은 당연히 졸립니다. 설령 자신은 졸리지 않아도 아이들에게는 졸릴 수 있습니다. 학교 선생님들만 모아 놓고 교장선생님이 한 80분 강의하면 조는 선생님들이 있습니다. 교장선생님들만 모아 놓고 장학사가 강의해도 조는 사람은 있습니다. 대학 총장들을 모아 놓고 교육부 장관이 강의하면 절반 이상이 존다고 합니다. 강의 들을 때 조는 것은 당연합니다. 저도 이렇게 얘기하지만, 앉아서 듣는 입장이면 때때로 졸기도 합니다. 전날 저녁에 잠을 좀 못 잤거나 먹은 게 체했거나 하면 졸립니다. 강의를 잘 해도 졸릴 때가 있는데 거기다가 강의가 지루하면 더 졸리겠지요. 학교 수업보다 더 지루한 강의는 없을 겁니다. 그러니까 아이들만 나무라지 말고 자신에게도 문제가 있음을 돌아보셔야 합니다.

요즘은 아이를 한 명만 낳아서 키우는 집이 많아서 자식을 마치 '애완동물' 키우듯 양육하는 집이 많습니다. 그러다 보니 아이들이 제대로 된 인간으로 성숙하도록 길러지지 못해 많은 문제가 생깁니다. 학교는 학교대로 아이들이 탐구하고 싶고 배우고 싶어 하는 걸 가르치는 게 아니라 의무적으로 배워야 할 것을 정해놓고 가르치니까 성적만 잘 나오면 문제가 없다는 풍조가 만연해 있습니다. 이런 교육 시스템도 분명 문제입니다. 또, 월급 받고 자기 생활하는 게 중요하지 아이들을 어떻게 가르칠 것인지는 그렇게 중요한 문제가 아닌 사람이 교사가 되는 경우가 많아

선생님의 마음공부

지면서 교사들에게서도 문제가 생기고 있습니다. 그러니까 집, 교육제도, 교사 세 군데 다 문제가 있습니다.

이 문제를 개선하려면, 선생님 입장에서는 '이런 제도 아래에서 이런 아이들을 놓고 내가 얼마나 잘할 수 있을까' 여기에 초점을 맞추어야 합니다. 교사 한 사람이 교육제도를 바꾸기는 힘듭니다. 날 때부터 이렇게 키워진 남의 아이를, 그것도 한두 명이 아닌 30여 명의 아이들을 교사 혼자서 바르게 키우는 것 또한 힘듭니다. 그러니 있는 현실은 그대로 보면서, 자신이 어떻게 변해서 아이들에게 좋은 교사가 될 것인지 생각하는 편이 쉬울 것입니다. 그러니 자신부터 먼저 시작하세요.

그래서 학생들이 졸면 왜 조는지 연구를 해 보세요. 먼저 강의가 재미없어서 조는 경우를 생각해 볼 수 있겠지요. 교사가 교육제도나 아이들이 문제라고 생각하면서 강의하면 기분이 좋지 않을 겁니다. 그렇게 기분이 안 좋은 상태에서 강의를 하면 그 강의가 재미있을 턱이 없습니다. 자신부터 기분이 좋고 강의하는 게 재미있어야 아이들에게도 재미있는 강의가 됩니다.

만약 강사가 강의하기는 싫은데 돈이 필요해서 강의료 때문에 억지로 올라와서 아는 지식 중얼거리면 듣는 분들은 졸리고 재미없을 겁니다. 그렇기 때문에 강의하는 선생님부터 기분이 좋아야 합니다.

선생님이 강의할 때 신이 나서 입에 침을 튀겨가면서 재있게 얘기해도 조는 학생은 있게 마련입니다. 그런데 그건 조는 사람의 문제이고, 우선 선생님은 학생들이 졸든 말든 신나게 강의하고 나오면 기분이 아주 좋을 겁니다. 그러니 본인이 강의하기를 재미있어 하는지 재미없어 하는지 스스로 녹화한 것을 보면서 자기를 점검해 보십시오. 본인의 표정이 재미있어 하는 표정인지, 신나서 가르치고 있는지 점검하는 겁니다. 월급 때문에 할 수 없이 하는 게 아니고 가르치는 것이 노는 것만큼 재미있어야 강의도 재미있어집니다.

그런데 가르치는 사람은 재미있는데 듣는 사람에게는 하나도 재미가 없는 경우도 있습니다. 가끔 개그나 코미디 방송 같은 것을 보면 개그맨이 뭐라고 개그를 했는데 보는 사람들은 하나도 안 웃고 자기 혼자 웃을 때가 있습니다.

선생님의 마음공부

그런 경우에는 구경꾼이 봤을 때도 좀 재밌도록 해야 합니다. 남이 봐도 재미있고 남이 들어도 재미있도록 하려면 첫째는 쉬워야 합니다. 쉽다는 말은 알아들을 수 있게 해야 한다는 것입니다. 쉽게 강의하려면 가르치는 내용에 통달해야 합니다. 그래야 쉽고 평범한 용어로 얘기할 수 있지, 안 그러면 책에 있는 내용을 자꾸 인용해서 얘기를 하게 됩니다. '아무개가 이렇게 말했다. 어느 책에 이렇게 써 놨다.' 이런 얘기를 할 때 듣는 사람은 제일 졸립니다. 본인 얘기도 지금 들어줄까 말까인데 남의 얘기까지 끌고 와서 하면 아무 재미가 없겠지요.

또, 아무리 재미있어도 개그 같은 것을 오래 보게 되지 않는 건 오래 봐도 거기서 얻을 게 없기 때문입니다. 마찬가지로 강의도 들어서 얻는 게 있어야 합니다. 그러니까 강의가 재미있으려면 아이들이 들을 때 내용이 쉬워야 하고 뭔가 배우는 게 있어야 합니다. 즉 내용이 있어야 합니다. 자신의 강의를 보았을 때, 재미는 있는데 내용이 없는 건 아닌지 내용은 있는데 너무 어려운 건 아닌지 살펴보세요. 최악의 경우는 내용도 없고 어려운 강의예요. 별 내용도 없는 걸 공연히 어렵게 가르치면 학생들이 다 엎드려 졸게 되어 있습니다.

그리고 강의를 할 때는 선생님이 학생들과 눈을 맞춰야 합니다. 학생의 눈을 보면서 학생이 재미있어 하는지 재미없어 하는지, 알아듣는지 못 알아듣는지 보면서 해야 합니다. 선생님이 학생에게 눈을 딱 맞추면 학생이 졸다가도 정신을 차리게 됩니다.

또 자기가 잘 몰라서 못 가르치는 경우가 있고, 자기는 잘 아는데도 못 가르치는 경우가 있습니다. 자기가 잘 아는데도 못 가르치는 경우는, 모르는 사람의 심정을 이해하지 못하기 때문입니다. '내가 옛날에 공부할 때 정말 어려웠지. 무슨 소린지 모르겠더라.' 이렇게 예전에 자신이 학생이었을 때를 생각해서 처음 공부하는 학생의 입장이 되어서 모르는 내용을 가르쳐야 합니다. 가르치려고 연구하다 보면 잘 모르는 경우가 있습니다. 그러면 자신이 뭘 몰랐는지 모르는 사람의 입장에 서서 설명해주면 학생들이 쉽게 알아듣습니다.

그리고 자기 강의를 발전시키려면 강의가 끝난 뒤에 아

선생님의 마음공부

이들한테 배운 내용을 시험 보게 하세요. 시험을 보면 자신은 잘 가르친다고 가르쳤는데도 아이들이 모르는 게 많이 나올 겁니다. 그러면 '아, 아이들이 이것을 모르는구나. 이 문제는 아이들이 전부 못 알아들었구나. 절반은 이 내용을 이해하지 못했구나.' 이렇게 시험을 보면 아이들이 뭘 못 알아들었는지 알 수 있는 계기가 됩니다. 그러니까 학생들 성적이 나쁜 것은 그들 문제일 수도 있지만 선생님이 잘못 가르쳤기 때문일 수도 있는 것입니다.

그리고 설문조사를 가끔 해 보십시오. "내 강의 중 어떤 것을 잘 못 알아듣는가? 공부하는 데 뭐가 가장 어려운가?" 이런 걸 들어보면서 자신이 무엇을 더 보완해야 할지 알아서 개선해야 합니다.

이렇게 재미있게 가르칠 수 있도록 자꾸 연구해야 합니다. 그리고 잘 못 알아듣는 아이들에게 짜증내기 전에 잘못 가르친 자신의 잘못이 있으니까, 방과 후에 그 아이들을 모아서, 보충학습을 시켜준다든지 해서 선생님이 정성을 기울이고 있다는 것을 아이들이 알게 해줘야 합니다. 그래서 아이들에게 감동을 줘야 합니다.

지금 교육제도에 문제가 있다고 해서 아이들한테 자꾸 얘기하면 아이들이 뭘 어떻게 할 수 있겠습니까? 당장 시험을 쳐야 하는 아이들이 말이에요. 이럴 때는 "지금 우리가 이런 상황에서 이렇게 공부할 수밖에 없지만, 이 틀에 갇혀 있어서는 안 된다. 실제로 우리가 공부가 목적이지 점수가 목적은 아니지 않느냐?" 이런 식으로 선생님은 학생들이 현실의 한계를 뛰어넘도록 도와주어야 합니다. 이런 것들이 쌓이고 쌓여서 아이들한테는 감동이 됩니다. 그렇게 선생님은 노력해야 합니다.

◆─　부모가 이혼하고 아버지와 사는 아이

남자 중학교의 3학년 담임입니다. 어려서 부모님이 이혼하고 아버지와 같이 사는데, 아주 무기력한 학생이 있습니다. 이 아이가 최근에 가출을 했는데, 학교에 앉아있는 게 너무 괴롭다면서 며칠만이라도 쉬었다가 다시 돌아오겠으니 아버지께 말씀드리지 말아달라는 것입니다. 아이하고의 약속이 있기 때문

선생님의 마음공부

에 아이 아버님께 말씀을 드리지 못하고 오늘까지 기다리고 있었습니다. 저녁에 전화를 하니 내일은 학교에 꼭 오겠다고 합니다. 이 학생을 도와주고 싶습니다. 어떻게 해야 할까요?

사람이 살다보면 때로는 좋은 거짓말을 할 수도 있지만, 좋은 거짓말이라도 되풀이되면 짐이 됩니다. 거짓말 자체가 무거운 짐이 되어 내가 괴로워집니다. 그래서 가능하면 거짓말은 안 하는 것이 좋습니다. 진실을 말한다는 건 다 들추어서 사실대로 얘기한다는 것이 아닙니다. 묻는다고 다 이야기할 것도 없고 꼭 숨겨야 할 필요도 없습니다. 필요하다면 말할 수도 있다는 겁니다.

이미 지나간 일이니 더 이상 언급할 필요는 없지만 앞으로 이런 일이 두세 번 반복된다면 부모와 상의를 하는 것이 좋습니다. 아이가 아버지께 말씀드리지 않고 선생님에게만 알린 채로 며칠 쉬고 싶어 하는데 어떻게 하면 좋을지 부모와 상의하세요. "아이가 그렇게 답답하다고 하니 숨구멍을 좀 열어 주어야 하는데, 아무도 모르게 무단결석을 하는 것보다는 선생님한테라도 얘기하고 나가는 편이 아이에게도 낫지 않겠어요? 하지만 부모님 승낙을 얻어야 할 것 같아서 아이 모르게 연락드렸습니다." 이렇게 의논을 해서 아버지는 모른 척 해달라고 부탁하는 방식이 낫겠습니다. 아이가 나중에 왜 아버지한테 얘기했냐고 말하면 "약속을 어긴 것이 아니라 너를 위해서 연락을 드렸다. 일시적으로는 네가 기분 나쁠지 몰라도 장기적으로는 아버지가 네 심정을 이해하는 게 필요할 것 같아서 그렇게 했다." 이렇게 설명을 해주십시오.

무기력한 아이들을 지도하려면 선생님의 수고가 많아야 합니다. 가령 함께 등산을 가서는 선생님이 발을 삐거나 다쳐 아이가 선생님을 업고 몇 시간씩 산을 내려온다든지 해서 아이 자신이 무언가 기여할 수 있는 기회가 생기면, 치료될 수도 있습니다.

무기력은 과잉보호에서도 생깁니다. 부모가 없다고 해서 반드시 보살핌을 받지 못한 것은 아닙니다. 오히려 한 쪽 부모가 없는 경우에 더 과잉보호가 될 소지도 많습니다.

아이가 어릴 때는 돌봐줘야 하고, 크면 정을 끊어주는 것이 부모의 역할인데, 어릴 때는 직장 다닌다고 아무 데나

맡기고 다닙니다. 아이보다 돈이 더 중요하고, 아이보다 자기 출세가 더 중요하다는 뜻이지요. 아이는 부모로부터 사랑을 받고 싶지만 자기가 최우선이라는 사랑을 확인할 수가 없으니, 나중에는 반드시 부모의 이런 행동에 대한 과보가 따릅니다. 그리고 사춘기에 들어가면 정을 과감하게 끊어줘야 합니다. 어릴 때는 사랑으로 보살펴줘야 하고 성장해서 나이가 들면 자립할 수 있도록 도와줘야 합니다. 자립할 수 있도록 도와준다는 것은 정을 끊어준다는 뜻입니다. 아이 나름대로 시행착오를 경험할 수 있는 기회를 통해 자립심 강한 사람으로 키워서, 적어도 18살이 넘으면 자기 일은 자기가 알아서 하도록 해야 합니다.

그런데 지금 중학생들은 몸집만 엄청나게 컸지 정신력은 어린아이에 불과합니다. 체격에 맞게 어른 대우를 하지 않아 책임 의식을 심어주지 못했기 때문입니다. 이런 아이는 부모가 함께 오지 여행을 가서 길도 잃어버리고, 말도 통하지 않는 길거리에서 스스로 알아서 하도록 해 봐야 합니다. 그러려면 부모는 굉장히 냉정해져야 합니다. 사랑은 냉정함이 있어야 하는 것입니다. 부모는 어린아이를 보살필 때는 자기 목숨까지 버리는 헌신성이 있어야 하고, 아이를 자립시킬 때는 얼음장 같은 냉정함이 있어야 합니다. 그렇지 않으면 자식을 독립된 인간으로 키우기 어렵습니다. 그런데 그런 과정을 거치지 못했기 때문에 문제가 되는 것이고, 그런 아이들에게는 가르침보다는 '따라 배우기'가 중요합니다.

이 문제를 지금 당장 해결할 방법은 없습니다. 아이에게 배어 있는 습관은 무의식 속에 형성된 것이기 때문에 선생님이 야단친다고 해서 해결되지 않습니다. 그렇지만 우선 할 수 있는 일은 있습니다. 풀 건 과감하게 풀어주고, 잡을 건 단호하게 잡아줘야 합니다. 뭐든지 한꺼번에 다 잡으려고 하면 안 됩니다.

이런 문제를 잘 해결하려면 먼저 수행을 해야 합니다. 첫째, 우선 선생님 개인이 힘드니까 수행을 해야 하고 둘째, 아이들을 다루려면 내면의 강한 힘이 필요하기 때문에 수행을 해야 합니다. 잡아당기기도 하고 밀어내기도 하는 파워가 있어야 합니다. 수행이 되어 있으면 스스로 보살이니, 백 명의 아이 부모도 될 수가 있습니다. 자신이 힘들다

선생님의 마음공부

고 이 문제를 감당하지 못해 정을 떼버리면 그 아이의 상처가 두 배로 커집니다. 불쌍하다고 도와주었다가 귀찮아지면 떼어 버리려고 하면서, 그것이 아이에게 어떤 상처가 되는지는 고려하지 않는 경우이지요. 자기가 보기에 불쌍하다고 느껴질 때는 아이에게 다가갔다가, 자기가 힘들고 답답해지면 마음대로 다시 물러서 버리기 때문에 교육 효과가 나지 않는 것입니다.

학생의 아버지에게는 아이를 너무 보살피려고 하지도 말고 야단만 치지도 마시라고 조언해 주시고 그냥 아버지께 맡기십시오. 야단쳤다가 또 엄마 없는 애라고 불쌍해 보여 보살폈다가, 다시 야단쳤다가 또 보살폈다가 이렇게 갈팡질팡하면 자꾸 나빠질 뿐입니다. 오히려 야단을 치지 말고 아이를 데리고 등산을 가는 것이 훨씬 더 낫습니다.

◆— 공부밖에 모르는 이기적인 아이

지나치게 이기적이고 공부밖에 모르는 아이가 있습니다. 성적과 관계없는 이야기를 하면 무관심하고 성적에 영향을 주지 않는 선생님하고는 인사도 하지 않습니다. 점수 받는 데만 나서고 다른 일에는 책임감이 없습니다. 교사로서 그러지 말아야 하는데도, 미운 말이 자꾸 나오고 지도하기도 싫고 자꾸 부려먹고만 싶어집니다. 제 마음도 바뀌어야겠고, 아이도 좀 고치고 싶습니다.

아이는 어릴 때부터 이미 그런 식으로 품성이 형성되어 있습니다. 성격이 이기적이라는 것은 주위로부터 보호받는 분위기가 형성되어 있기 때문에 선생님 혼자서 고치기는 어렵습니다. 그것을 고치려면 선생님이 도리어 병이 납니다. 이렇게 생각해 보세요. 지금 우리 사회가 온통 영악하고 이기적인 사람을 좋아하지 않습니까? 모든 부모가 다 그런 아이를 원한다는 말입니다. 내가 보기에 싫은 것이지, 그 부모가 볼 때는 쓸데없는 데 시간 낭비하지 않고 공부 잘하니까 예뻐 보일 것입니다. 그러니 부모의 입장에서 그 아이를 봐주세요. 나쁘다거나 이기적이라고 생각하지 말고 아이 나름대로는 영리하게 행동하는 것이라고 봐주십시

선생님의 마음공부

오. 그러지 않으면 선생님이 괴로워지고 아이를 볼 때마다 힘들어집니다.

일단 관심을 덜 두는 것이 좋습니다. 아이를 고치려고도 하지 말아야 합니다. 선생님은 지금 그 아이를 고치려는 것보다 아이의 성격을 어떻게든 꺾어 보려는 마음이 강한 것 같습니다. 그 심정은 충분히 이해가 되고 사랑의 매라도 들어서 고칠 수 있다며 좋겠지만, 지금은 그렇게 할 수 있는 사회 분위기와 조건이 아닙니다. 그렇게 하지도 못하면서 자꾸 그런 마음을 먹으면 힘들어지고 견디기 어려워집니다. 내가 내 마음을 이겨내지 못하고 화가 나는 상태에서는 보복하려는 심리가 생기고, 그러면 실수를 하게 됩니다. 내가 이겼다고 자신할 때 항상 부작용이 생깁니다. 과잉 대응을 하기 때문에 조심스러움이 없어지고, 그러면 반드시 말썽이 생깁니다. 말썽이 생겨 선생님이 오히려 난처한 입장에 처하게 될 수도 있습니다.

오히려 그 아이의 처지를 이해하며 인정하고, 그 아이를 꺾으려는 생각도 버리고 고쳐주려는 생각도 하지 마십시오. 그저 개성 있고 특이한 아이라고만 생각하세요. 좋고 나쁨을 판단하지 말고, 그런 성격의 아이라고만 생각하면 일단 그 아이를 보는 것이 편안해집니다. 편안해져야 고칠 기회가 옵니다. 미워하면 고칠 기회가 없습니다. 아이들도 선생님과 갈등이 생기면 힘들어 하지만, 선생님도 얄미운 학생이 하나 있으면 그 반에 들어가기도 싫고 많이 힘들어집니다. 그 아이하고 갈등을 일으키는 것이 나도 모르게 아이들에게 노출되면 그 아이는 더욱 우쭐댑니다. 상대가 화를 내면 더 놀리고 싶은 심리가 생기기 때문입니다. 그래서 속이 좀 불편해도 흔들리지 말고 태연자약해야 합니다. 그러면 언젠가는 기회가 옵니다. 그러니 경계에 끄달리지 않는 공부를 해야 하는 것입니다. 그 아이의 부모 입장에서 아이를 보는 마음을 내면 내가 편해지고, 언젠가 그 아이를 깨우쳐 줄 수 있는 기회가 생기게 됩니다. 시시콜콜 모든 것을 다 고치려고 하지 말고 확실하게 문제될 만한 것만 기회를 잡아서 바로잡아 주는 것이 좋습니다.

선생님의 마음공부

◆— 부모가 아이를 만들어요

요즈음 문제 아이들을 상담해 보면 반드시 부모에게 문제가 있습니다. 부모를 만나보면 왜 아이들이 이런 태도를 보이는지 알 수가 있었습니다. 결국 그런 아이들의 문제는 사회적인 분위기와 그 자식을 키우는 부모의 문제라고 생각하게 됩니다.

아이의 특징은 '따라 배우기'와 '모방하기'입니다. 아이들이 문제라는 것은 결국 기성 사회가 문제라는 것입니다. 참 고치기 어렵습니다.

부모들은 혼자 다닐 때는 고속버스를 타면서도 아이를 데리고 다닐 때는 좋은 기차를 타거나 비행기를 타고 다닙니다. 혼자서는 3천 원짜리 국수를 사먹더라도 아이하고는 좋은 음식을 사먹습니다. 이것이 대부분 자식 가진 부모들이 하는 행동입니다. 아이를 위해서라면 좋은 것은 다 해주려고 하지 않습니까? 아이는 그렇게 습관이 들었을 뿐이니 아이를 나무랄 수는 없는 일입니다. 그런 아이에게 절약하고 검소하게 생활해야 한다는 말이 먹힐 수가 없습니다.

아이들의 교육을 위해서는 어릴 때부터 자기가 가진 수준보다 조금 낮춰서 생활하는 것이 좋습니다. 돈이 없어 낮춰 사는 것이 아니라 있으면서도 낮춰서 살면 오히려 더욱 떳떳한 것입니다. 그 떳떳함이 아이한테 굉장한 힘을 줍니다. 가난한 집에서 자라기 때문에 아이들에게 열등의식이 있는 것이 아니라, 부모가 열등의식이 있기 때문에 아이에게 열등의식이 있는 것입니다. 도시에서 가난하게 자란 아이들은 심성이 왜곡되고 열등감이나 저항감이 많은데, 농촌에서 가난하게 자란 아이들은 그런 것이 별로 없습니다. 농촌 사람들은 거의가 다 농사짓고 살기 때문에 못 산다고 차별하는 경우가 별로 없지만, 도시에서는 아이들이 보고 느끼는 빈부격차가 굉장히 크기 때문입니다. 그런 토대 위에서 자란 아이들 보고 "검소하게 살아라, 성실해라, 책임져라" 이런 말은 잘 통하지 않습니다.

자기를 스스로 책임지며 살게 하려면 초등학교 때부터 방 청소하고 이불 개고 양말 빠는 정도의 일은 시켜야 합니다. 그런데 요즘 부모들은 계속 잔소리를 하면서도, 어지럽히면 치워주고 또 어질러 놓으면 청소해줍니다. 자기 공부만 하는 아이들이 커서 제대로 된 훌륭한 사람이 되겠습니까? 우리나라 부모들은 자식에게 해주어야 할 것이나 해주지 말아야 할 것이나 무엇이든 다 해주려고 합니다. 그러니 아이 문제가 부모 문제라는 것이 맞고, 그래서 아이들의 문제를 해결하기 어려운 것입니다. 아이들이 영악하게 구는 것을 어디서 배웠겠습니까? 자기 부모도 영악하고 학교에서 만나는 사람들도 영악하고 이 세상 전체가 다 영악하게 구는 분위기이기 때문에 아이들도 그렇게 성장하는 것입니다.

그래서 우리에게 공부가 필요한 것입니다. 붓다의 가르침을 공부하는 것이 내 자신을 위해서만 좋은 것이 아닙니다. 이런 가르침을 널리널리 펴나가는 것은 우리 사회를 정화시키는 중요한 일이 될 수 있습니다. 만약 학교에 이런 공부를 한 선생님들이 절반만 있다고 하면 충분히 분위기를 바꿀 수 있겠는데, 한 학교에 한두 명밖에 안 계시니까 어떻게 해 보기가 어려운 것 아니겠습니까? 그러니 선생님들이 한번 모임을 만들어 보십시오. 아이들 지도하는 문제를 갖고 경험을 서로 나누고 의논하고 공동으로 대응하는 것이 다 보살행입니다. 이런 일을 처음 시작할 때는 힘이 들기 때문에, 공동으로 대응하는 것이 참 좋습니다. 무슨 일이든 따라하는 것은 쉬운데 개척할 때는 어려운 법이고, 처음 물꼬를 트는 데는 많은 힘이 듭니다. 거기에 구애받지 않아야 합니다. 일을 시작하려 할 때는 이미 힘든 것을 각오해야 합니다. 그런 과정을 거쳐 어느 정도 세월이 흘러야 해결되는 것이지 절대 단시일 내에는 해결되지 않습니다.

선생님의 마음공부

3.

교육 패러다임이 바뀐다

◆─　　**미래에 대해 불안한 부모**

남편과 저는 직장에 다니고 있고 아이가 셋이 있습니다. 딸이 둘 있고 아들을 낳기 위해 셋째를 낳았는데, 그에 대한 후회는 하지 않습니다. 첫째가 중학교 3학년이 되다 보니 마치 친구 같고 좋은데, 사람들이 자식이 세 명이라고 하면 아이 키우기 힘들겠다는 소리를 많이 합니다. 저는 미처 생각지도 않았는데, 옆에서 그런 소리를 하니 진짜 걱정이 됩니다. 앞으로 아이들을 어떻게 키워야 할까요?

부모가 아직 젊고 아이가 셋이나 있고 직장이 있는데, 뭐가 걱정입니까? 그런 소리를 들으면 자기들끼리 알아서 큰다고 얘기하세요. 아이들 셋이 서로 싸워가면서 도와가면서 크기 때문에 오히려 셋이 되면 혼자 키우는 것보다도 쉬울 수도 있습니다. 잘 몰라서 그렇지 아이들이 정신적으로 건강하게 되는 면도 있습니다.

왜냐하면 부모는 아이를 무조건 봐줄 때도 있지만 언니라면 동생을 절대로 그냥 안 봐줍니다. 마음에 안 들면 무슨 수를 쓰더라도 질서를 잡거든요. 그러면서 사회성이 생기는 겁니다. 형제지간에 질서를 잡아가면서 아이들의 버릇없는 면이 고쳐져서 사실은 좋은 점도 많습니다.

아이 키우는 것을 너무 돈으로 해결해야 한다고 생각하지 마세요. 미래는 지금과 많이 달라집니다. 과거 100년을 생각해 보세요. 조선 말기에 소위 구학문이 막바지에 이르고 신학문이 막 형성되던 시기와 비슷합니다. 조선시대에는 어릴 때 서당에 다니며 공자 왈 맹자 왈 해가며 읽고 배우며 10년, 20년 공부해서 과거 시험을 치러서 공직에 나갔습니다. 그런데, 그렇게 배운 공부가 지금 사회에서는 쓸

선생님의 마음공부

모가 없잖아요? 봉건제 사회에서 관료 선발하던 방식이라서 그렇지요.

근대 학문이란 어떻습니까? 옛날에는 막노동을 하는 노동자라면 지식이 별로 필요 없다고 생각했어요. 하지만 산업화가 이뤄지면서 노동자도 어느 정도 기술을 습득해야 했습니다. 일정한 지식과 기술을 습득해야 하기 때문에 가장 짧은 시간 내에 훈련시켜서 배치하는 그런 시스템이 바로 현재의 학교 교육입니다. 그런데 이제 산업화 시대가 거의 종말을 고하고 새로운 시대는 어떤 시대가 될지 아무도 모릅니다.

지금이 그 시작점입니다. 구시대는 내리막길을 걷고 새로운 시대는 시작점에 이르렀습니다. 질문자가 키우는 아이들이 이 사회에 나가 주요 활동을 할 때는 지금부터 한 20년 후일 것입니다. 20년 후는 지금과 같은 사회가 아닙니다. 전혀 다른 사회가 되겠지요. 그러니까 정말 자식을 생각한다면 지금 같은 공부를 시키는데 돈을 들일 필요가 별로 없어요. 사실은 돈 걱정 안 하셔도 된다고 얘기하고 싶어요.

◆── 미래 사회를 살아갈 아이들

지난 100년 동안의 우리 사회를 돌아보면 어떤 방향으로 나아갈지에 대한 확실한 목표가 있었습니다. 서구 사회, 정확히는 미국이 우리의 모델이었지요. 미국을 목표로 따라가면서 50년 뒤처졌다, 30년 뒤처졌다 그런 말을 했거든요. 그 방향으로만 따라가느라 미국 유학을 가고, 가서 공부하고 오면 미국의 지적, 기술적 수준이 한 30년 앞섰으니 그것을 가지고 한국에서 30년은 써먹을 수 있었습니다.

만약 대학교수라면 그렇게 익힌 지식만 있으면 30년을 교수로 일할 수 있었던 것입니다. 그러면 학생들은 이미 있었던 것을 베끼듯 따라갔습니다. 모든 교육 시스템이 모방이었습니다. 모방은 효율성이 높거든요. 새로 만드는 것보다는 본받아서 만들면 딱 쉽게 만들어지잖아요? 그렇게 하면 10개 중에 9개가 성공하고 1개만 실패합니다. 이런 시스템이었기 때문에 우리 사회에서는 실패가 용납되지 않습니다.

한편, 이렇게 모방을 하는 데는 기억력이 좋아야 합니

다. 그래서 기억력이 좋은 사람이 성적이 좋았어요. 그것을 기반으로 우리 사회는 발전해 왔습니다. 이 고속 성장이 지금은 어느 단계에 왔을까요? 서양 문명과 비교했을 때 이제는 지적, 기술적 수준이 한 5년 정도밖에 차이가 안 납니다. 일본도 그렇게 백년 넘게 서구 사회를 모방을 해왔기 때문에 일찌감치, 그러니까 한 20년 전에 이미 서구 수준에 이르렀습니다. 그런데 모방을 중심으로 사회 발전을 이뤄왔기 때문에 앞서가지 못합니다.

앞서가는 누군가를 따라가며 배우는 것, 즉 모방은 귀재인데 창조를 못하니까 일본이 지금 그것을 넘어서지 못하고 정체가 되기에 이른 것입니다. 일본은 지난 20년 간 사회 전체가 쇠퇴하고 있습니다. 한국은 아직도 한 5년 정도는 더 서구 사회를 따라가야 하는데, 일부는 거의 정상에 도달했고 일부는 좀 쳐져 있어요. 우리는 앞으로 10년만 지나면 거의 대부분의 분야에서 정상에 이를 것입니다. 우리 사회도 이제 모방의 한계점에 이르렀습니다.

부모들은 어릴 때 초등학교 다니며 구구단 같은 사칙연산을 열심히 외웠습니다. 수학을 잘 한다 하면, 계산을 잘

하는 것이었지요. 중학교에 가도 거의 마찬가지였습니다. 그런데 지금은 계산 잘 하는 것과 수학 잘 하는 것은 다른 얘기가 되어 버렸습니다. 요즘은 계산기 꺼내서 두드리기만 하면 되잖아요? 예전에 초등학교 6년 동안 외워서 하던 것이 더 이상 실력이라고 말할 수 없게 되었습니다. 시험 치러 갈 때 전자계산기를 가지고 들어가도 될 정도니까요.

현재의 초중고등학교 12년 동안 학교에서 배우는 공부가 다 이런 지식을 습득하는 공부입니다. 그런데 앞으로 10년, 20년 지나서 시험 치러 갈 때는 이 지식을 얼마나 암기하고 있나 하는 것은 크게 중요하지 않게 됩니다. 태블릿 PC나 모바일 기기 한 대 들고 가서 검색하고 이용하면 됩니다. 그러니까 교육 기간의 한 3분의 1 정도는 기본 지식만 배우고 그 다음에 찾아 쓰는 기술만 익히면 더 이상 필요 없을지도 몰라요. 어쩌면 12년 공부 중 한 2년만 하면 돼요. 그러면 나머지 10년은 무엇을 하나면, 어떤 주어진 과제에 대해서 그 과제를 해결하는 훈련이 필요합니다. 바로 '문제 해결 능력'이지요.

선생님의 마음공부

◆— 100년 동안의 교육 패러다임이 바뀐다

쉽게 말하자면 이것이 앞으로 인간 능력 평가의 중요한 기준이 됩니다. 지금 학원에 가서 암기하고 계산해서 성적을 올리는 공부 같은 식의 평가는 한 10년은 유효할지 몰라도 거의 막바지에 이르렀습니다. 전혀 새로운 시대로 갑니다. 아이가 뭘 얼마나 암기하느냐가 아니라 어떤 문제 해결 능력이 있느냐가 중요한 것입니다.

그래서 아이한테 방 청소를 시켰다면 스스로 딱 보고 어떻게 효율적으로 처리할까, 마당에 풀을 뽑으라고 하면 스스로 어떤 도구를 선택해서 어떻게 해결했을 때 좋은 결과가 나올까 하는 훈련이 지금 필요합니다. 즉 문제 해결 능력과 그것을 해결해 나가는 과정에서의 창조력을 키우는 것이 급선무입니다. 그런 시대로 전환되기 때문에 현재의 교육 시스템에서 남다르다고 너무 걱정하지 않아도 됩니다. 부모로서 미래를 보고 아이에게 이런 자생력을 키워주는 훈련, 그것을 할 수 있느냐가 문제이지, 남들을 따라가는 것이나 경제력은 그렇게 중요하지 않습니다.

그러니 아이를 키우는 데 들 경제적인 걱정은 너무 안 해도 됩니다. 돈이 있어서 학원에 보내서 무엇을 해낸 것이 그동안 우리 세대에서는 중요한 성장의 동력이었고, 성공의 길이었지만 미래 20년 후에는 전혀 새로운 세계로 바뀌어갈 것입니다. 새로 전환되는 문명사회는 기존의 서구 사회를 아무리 들여다봐도 답이 안 나옵니다.

오히려 약간 변방 같았던 우리나라에서, 주류가 아닌 2류, 다른 흐름에서 새로운 창조력이 나옵니다. 이것은 인류사를 공부해 보면 역사가 증명합니다. 이집트 문명이 몰락하면 이집트에서 혁신이 안 일어나고, 그 변방인 에게 문명이 일어났습니다. 에게 문명이 퇴조하면 그 변방인 그리스에서, 그리스 문명이 퇴조하면 그 변방인 로마에서 일어나고 로마 문명이 퇴조하면 그 변방인 갈릴리 지역, 오늘날 유럽 지역이 이어받았습니다.

항상 2류에서 재창조되었습니다. 3류는 또 너무 그대로 베끼는 수준이거든요. 인기 있는 것이 얼마나 오래갈까 하는 것이나 인기가 있고 없고를 떠나서 주류의 대척점, 반대편에서 만들어진 2류, 그 자체가 창조의 영역에 속합니다.

선생님의 마음공부

창조의 핵심은 여러 가지를 융합하는 것이 창조입니다. 창조를 완전히 새로 만드는 것이라고 생각하는데 새롭다는 것은 바로 '융합'입니다.

◆— 대전환기의 교육은 문제 해결과 탐구 정신

그러므로 이런 대전환기에 대응하려면 창조적 훈련을 위해 학교 교육이나 교육관이 전부 바뀌어야 됩니다. 그러나 학교 교육이 가장 바뀌기 어렵습니다. 교육을 학생이 선택하지 않고 학부모가 선택하기 때문입니다. 구시대적 경험과 판단으로 학교가 변화에서 가장 뒤집니다. 때문에 학교 교육을 많이 받으면 받을수록 창조력이 떨어집니다. 나같이 학교 교육을 가능하면 적게 받은 사람, 불교 안에 들어와서도 정규 교육을 덜 받은 사람은 한편으로는 놈팽이가 될 수도 있고, 한편으로는 창조력을 극대화시킬 수도 있습니다. 연구하고 탐구하고 화두를 타파하지 않고서는 살 길이 없거든요.

실제로 문제 해결 능력 그것은 오직 탐구에서만 나올 수 있습니다. 이렇게 시대가 바뀌어 갑니다. 부모님이나 학생들 자신도 이제 생각을 바꿔야 합니다. 스펙이 좋고 나쁘다는 것이나 지방대 일류대 따지는 것은 하등 도움이 안 됩니다. 안정된 직장에 들어가더라도 안 좋은 점이 있고 인생이 막힐 때가 있습니다. 그렇게 딱 막힌 벽 앞에서 이것을 어떻게 해야 할까 몸부림을 쳐야 합니다. 뭔가 새로운 길을 뚫어야 하지요. 그러려면 시대가 바뀌는 것을 직시해야 합니다.

지금 세계가 바뀌고 있는데 여러분은 보지 못하고 있습니다. 세계의 판도는 미국 중심에서 미국과 중국이 팽팽히 맞서는 시대로 급격하게 바뀌었습니다. 또 질적으로는 지식정보사회로 완전히 전환되고 있습니다. 만약 병을 고치는 의사가 되려고 한다면, 의사 100명을 뽑는다고 할 때 정신과가 절반 이상으로 바뀔 겁니다. 이제는 몸의 병은 병 축에도 안 들어갈 정도입니다. 사회적으로 정신적 질환이 아주 심각하기 때문입니다. 아직 잘 몰라서 그렇지 앞으로 20년 지나면 말도 못하게 심각해질 것입니다.

선생님의 마음공부

그러나 세상은 과거에 사로잡혀 있기 때문에 현재도 정확하게 못 보고 미래를 예측하지 못합니다. 그래서 노력을 많이 해도 결과가 별로 없습니다. 즉 무너져가는 사양 산업에 몸을 담고 있으면 점점 축소됩니다. 우리는 이렇게 늘 모방하는 것에 안주하는 것밖에 훈련받은 적이 없기 때문에 젊은이들이 공무원되기에 목매다는 것입니다. 그곳이 제일 안전하다고 생각하니까요. 이것은 사회의 변화 발전에서는 결코 좋은 현상이 아닙니다. 이런 현상을 보면 이 사회가 지금 어떻구나 하는 것을 알 수 있습니다.

그래서 종교적 측면에서 보면 불교니 기독교니 하고 경쟁할 상황이 아닙니다. 종교가 위기에 처한 시대거든요. 종교와 과학이 대립할 필요도 없지요. 과학까지도 포용하고 넘어가야 할 시대인 것입니다.

◆─　**부모가 해줄 수 있는 최고의 선물**

부모님들이라면 지금 있는 것이나 현상들에 욕심내거나

목매달지 말고 창조적인 방향으로 교육적 관점을 잡아야 합니다. 창조란 10개를 시도하면 1개가 성공하기 어렵고, 100개를 해서 간신히 1개를 더하기만 해도 성공입니다. 그러나 우리의 시스템에서는 10개를 시도해서 1개를 실패해도 비난받는 사회에서 성장했기 때문에 100개 시도해서 1개 성공하는 그런 창조성을 용인하거나 투자하기가 쉽지 않습니다. 사회적으로 용인하지 않는 것입니다. 아주 일부 첨단 과학에서만 허용될지 몰라도 사회적으로는 무척 어려운 거지요.

현재 우리가 미래 성장 동력이 소진되었다고 할 때, 인구가 줄어들고 국토가 좁고 하는 측면도 있지만, 사실은 모방의 모방으로 성장했던 시스템의 유효성이 거의 막바지에 이르렀기 때문입니다. 그래서 부모들이 자식이 많고 경제력이 걱정이라는, 돈이 없어서 공부시키기 어렵다는 그런 것은 지금 큰 걱정거리도 아닙니다.

부모가 자식한테 줄 수 있는 최고의 선물은 세 살 때까지 심리적 안정을 주는 것입니다. 인간의 자아가 형성될 세 살 때까지는 아기의 심리가 안정돼야 합니다. 그런데 엄마

선생님의 마음공부

의 심리가 불안하거나 부부 갈등 등으로, 또는 남의 손에 맡겨 키워서 아기의 심리 불안이 일어나면 그 아이는 재능이 있고 기술이 있다고 해도 평생 행복해질 수가 없습니다. 네 살 이후부터 초등학교 때까지는 따라 배우는 시기라 뭐든지 부모를 따라 배웁니다. 그때는 부모가 모범을 보여줘야 됩니다.

뭘 먹이고 뭘 입히고 이것은 하등 중요하지 않습니다. 부모는 다 자기 기분으로 뭘 먹여주면 좋고, 뭘 입히면 좋아합니다. 그것은 자기 기분이지 아이를 위해서 사는 것이 아니에요. 인형을 가지고 노는 것처럼 자기 욕구를 대신해서 자식을 키우면 안 됩니다. 그러면 나중에 반드시 과보를 받습니다. 사춘기를 지나면서 아이나 부모가 엄청난 고통을 겪게 됩니다. 진짜 부모로 돌아가려면 그런 수준의 기교가 아니라 자연의 방식으로 돌아가야 합니다.

어미닭이 병아리 돌보듯이 순수하게 자연적으로 키워야 합니다. 병아리가 크면 어미닭이 외면하듯이 아이가 크면 정을 딱 끊어줍니다. 이렇게 자생력 있도록 자식을 키워야 이 새로운 변화에 대응하지 지금처럼 품고만 키워놓으면 아무 짝에도 쓸모없는 인간이 됩니다.

부모는 늘어 죽을 때까지 자식의 무거운 짐을 져야 하고 자식은 나이 들어도 부모의 간섭 속에서 저항하고 살아야 합니다. 이래서 부모 자식이 원수가 되는 것입니다. 이 문제를 종교도 치유하지 못하고, 학교도 손을 대지 못하고 있어서 부모 스스로 해결해야 합니다.

종교나 정치, 교육계 할 것 없이 우리 전 사회가 소비와 물질 중심으로 흘러가고 있습니다. 이것은 사회가 정체되고 후퇴하는 징조입니다. 미래의 성장이나 발전을 꾀하고 싶다면 의식이 바뀌어야 합니다. 그리고 행동 양식이 바뀌어야 합니다.

우리의 마음속에 개인의 이익만이 아니라 공동체의 이익을 생각하는 공심公心이 있어야 합니다. 공심이 있어야 사회가 건강해지지 자기만 생각하는 태도로는 사회가 건강해지기 어렵습니다. 아이들은 이렇게 전체를 생각하는 정신, 항상 함께 생각하는 의식을 훈련시키는 것이 굉장히 중요합니다.

예전에는 아이가 맛있는 것을 가지고 놀러 나갔다가 친

선생님의 마음공부

구들에게 다 뺏겼다고 하면, 부모가 "이 녀석아, 바보 같이 왜 뺏겼어? 앞으로는 절대 주지 말고, 혼자 잘 챙겨 먹어라"고 가르쳤을 것 아닙니까? 그러나 이것은 굉장히 나쁜 교육입니다. 맛있는 것을 뺏겼다고 울면 부모가 "친구들도 간식이 너무 먹고 싶었나 보다. 다음에는 엄마가 더 챙겨 줄 테니까 친구들하고 나눠 먹어라" 하고 가르쳐야 아이가 사회적으로 공익을 생각할 수 있는 사람으로 훈련되고 커갑니다. 그래야 지도자도 될 수 있고 성공도 할 수 있습니다.

그러므로 돈을 들여 학원에 보내서 성적을 올리기 위해 애쓰는 것은 현대 사회에서 이미 중독이 되어버린 현상이라 개인이 그 흐름을 외면하기 어렵다는 것은 충분히 이해합니다. 그러나 그런 식의 교육은 이미 한계점에 이르렀다는 것을 알고, 세 명의 아이를 낳고 키우는 것을 즐거워하며 기쁘게 생각하시기 바랍니다.

4.

선생님의 역할

선생님들과 즉문즉설을 진행해 보니, 교단에 서서 가르치는 것이 너무 부담스럽다는 질문이 많았습니다. 휴일이나 방학이 되면 마음이 가볍고 좋은데 교실에서 아이들을 가르칠 때는 심리적으로 부담이 많이 느껴지니, 이것을 어떻게 하면 좋겠느냐는 내용이었습니다. 선생님이 학생들을 가르칠 때 마음에 부담이 있으면 가르치는 행위를 통해 행복을 느낄 수가 없습니다. 이럴 때는 가르치는 것이 괴로움이 되고 이러한 괴로움이 누적되면 스트레스가 됩니다. 왜 이렇게 되었으며, 어떻게 해야 이 문제를 해결할 수 있을까요?

사람이 모든 일을 다 잘할 수는 없습니다. 각자 자기 까르마가 있기 때문에 취향과 재능이 사람마다 조금씩 다릅니다. 누구는 과학이나 수학을 공부할 때는 재밌는데 노래를 하려면 아무리 노력해도, 높낮이가 마구 바뀌고 장단이 자꾸 없어져서 노래 부르기가 너무 어렵다고 합니다.

그런데 어릴 적 저희 이웃집에 살던 아이는 학교 공부는 별로 잘하지 못해도, 노래는 한 번만 들으면 곡과 가사를 모두 외울 정도로 음악에 재능이 뛰어났습니다. 이렇듯 사람에 따라 재능이 모두 다르게 마련이니 혹시 까르마나 적성에 맞지 않는 경우라면 힘들게 그 일을 할 필요가 없습니다. 장사를 하는 것이 부담도 되지 않고 재미있다거나, 농사를 짓는 것이 마음 편하고 재미있다면 당장 사표를 내십시오. 그것이 행복으로 가는 길입니다. 적성에도 맞지 않는 일을 돈이나 명예 때문에 억지로 하는 것은 인생의 낭비입니다. 그러니 이런 경우라면, '안녕히 계십시오' 하고 그만 두는 것이 제일 좋습니다.

그런데 일이 적성에 맞는데도 불구하고 수업이 부담되는 사람이 있고, 또는 적성에 맞지는 않지만 교육대학이나

선생님의 마음공부

사범대학을 나와서 지금까지 나이 마흔이 되도록 이 일을 해 왔으니 지금에 와서 직업을 바꿀 수 없어서 계속 교사로 일하려 하는 경우도 있습니다. 그렇다면 이 부담을 덜어야 합니다. 그만두어 버리면 다른 노력을 할 필요가 없지만 계속하려면 무언가 개선할 방법을 찾아야 합니다.

◆— 좋은 선생님이 되는 방법

첫째, 아이들을 잘 가르치기 위해서 준비는 자기 나름대로 최선을 다하되, 내가 모든 것을 알고 있어야 한다든지 잘 가르쳐야 한다든지 하는 생각은 하지 마십시오. 선생님은 학생들 공부를 도와주는 사람이지 무엇이든 모두 아는 박사가 아니기 때문입니다. 아이들이 무엇을 모르고 있는가를 아는 것이 중요하지 내가 얼마나 알고 있는가 하는 것은 중요한 문제가 아니며, 교사로서 학생들을 얼마나 잘 도와줄 수 있느냐 하는 것이 중요합니다. 모두 알아야 한다는 강박 관념에서 해방되어 편안해져야만 수업할 때 자유로울 수 있고, 내가 편안해야 학생들도 마음껏 질문할 수 있습니다. 학생들의 질문에 대해 제대로 설명하지 못했다고 해서 선생님의 얼굴이 달아오르거나 신경질을 낸다면 이후로 학생들은 선생님이 모를까 싶어서 질문을 하지 못합니다. 모르는 내용의 질문을 받으면 "잘 모르겠는데 어디 한번 찾아보자. 아! 그거 이렇게 하면 되겠구나" 하는 식으로 자유로울 수 있어야 합니다.

학생들 중에는 선생님 골탕 먹이려고 이상한 문제를 가지고 오는 아이도 있습니다. 그때 이것을 반드시 알아야 한다고 생각하면 애를 먹게 되지만 몰라도 된다고 생각하면 전혀 문제가 되지 않습니다. 문제를 보고 모르겠다고 대답하면 학생은 "선생님이 이것도 모르면 어떻게 해요?" 하고 말하겠지요. 그때는 "그런 문제는 시험에 안 나온다" 하시면 됩니다. 어떻게 아느냐고 학생이 말하면, "네가 나를 골탕 먹이려고 이 문제를 가져왔는데 대학 시험이 누구를 골탕 먹이려고 보는 시험이냐? 이런 문제도 있다는 것이지 실제 시험에는 안 나오는 거야." 이렇게 해버리면 됩니다.

어떻게 효과적으로 가르치느냐가 문제입니다. 학생들에

게 공부하는 방법을 일러주어야 합니다. 학생이 문제를 통째로 가져와서 풀어보지도 않고 질문하면 바로 가르쳐 주지 말고 모른다고 하고 그런 뒤에 학생이 스스로 먼저 풀어보고 "여기까지는 됐는데 여기부터는 안 됩니다"라고 물어볼 때 그 부분부터 짚어주세요. 이렇게 푼 문제는 잊어버리지 않지만, 풀어보지도 않고 문제를 가지고 와서는 어떻게 푸는 거냐고 묻는다면 아무리 가르쳐 주어도 소용이 없고 돌아서면 잊어버리게 됩니다.

교사가 모두 알아야 한다는 생각은 자존심이라 할 수 없습니다. 인생을 모두 알 수는 없는 것이고, 또 다 안다고 해도 별 의미가 없습니다. 기본적인 자기 실력을 기초로 하되 좀 더 준비해서 가르치고, 질문받거나 모르는 것이 있으면 다음 시간에 가르치면 된다고 편안하게 생각해야 합니다. 지식으로써 지나치게 권위를 세우려고 하니, 모르면 학생들이 우습게 볼 것 같은 생각이 들고, 권위적인 태도로 쓸데없이 목에 힘을 주려고 하니까 모두 알아야 한다는 강박 관념을 갖게 되는 것입니다. 질문에 대해서 두려워해서는 안 됩니다. 자유롭게 토론할 수 있어야 하며 그렇게 되면 공부하는 것이 재미있어지고, 또 아이들의 질문을 받았을 때 모르는 것이 있어야 선생님도 새롭게 배우는 것이 있습니다.

매 시간마다 하나씩 배운다면 일 년만 지나도 실력이 부쩍부쩍 늘게 되고, 교사 생활 3년만 지나면 엄청나게 실력이 쌓이겠지요. 내가 모두 알고 있다면 내 실력이 하나도 늘지 않으니 모르는 것이 있다는 것은 나를 위해서 좋은 일입니다. 떳떳하게 자유롭고 친절하게 자세히 가르쳐 주면 한두 번 놀리던 학생들도 점차 괜찮아집니다.

모두 알아야 한다는 생각을 버리고, 모르는 것을 당연히 받아들이세요. 모르는 것을 그냥 내버려 두라는 것이 아니라 다시 배워서 가르쳐 준다는 생각으로 공부한다면 가르치는 것에 대한 부담이 조금씩 사라진다는 뜻입니다. 물론 처음에는 잘 안 됩니다. 자신을 놀리고 비웃는 듯한 학생들의 반응을 세 번만 듣고 나면 괜찮아지는데 그것을 듣기가 쉽지 않지요. 이것은 자기를 움켜쥐고 있기 때문입니다.

두 번째로, 학생들의 마음을 조금은 읽을 수 있어야 합

선생님의 마음공부

니다. 사람의 입에서 나오는 말과 마음은 일치하지 않을 때가 많고, 행동과 마음 또한 일치하지 않을 때가 많습니다. 행동이나 말만 보고 판단하지 말고 학생의 행동을 보면서 그 아이의 마음을 읽을 수 있어야 합니다. 그래서 학생들의 행동과 마음을 읽는 일에는 조금 더 주의가 필요하며 단순히 규칙과 원칙만 가지고 조명할 일이 아닙니다. 학생이 지각을 했을 때 그 이유를 듣고 믿어주었는데 나중에 거짓말이라는 것을 알게 되어 배신감이 들었다는 분이 계셨습니다. 그 이후로는 학생들이 사고를 쳤을 때 이해하고 봐주려 해도 또 거짓말이 아닐까 하는 의심이 들어서, 교사로서의 책임과 믿은 다음 느끼게 될 배신감 사이에서 고민하게 된다는 것입니다.

그런데 선생님이 모든 지식을 다 알 수는 없는 것과 같이 학생들도 모두 선생님의 말을 들으라는 법은 없습니다. 이것은 굉장히 중요한 사실입니다. 선생님들은 교사가 말하면 학생들이 모두 그 말에 따라야 한다고 생각하고 그러지 않으면 짜증을 내고 화를 내고 아이를 미워하기도 합니다. 사람은 본래 남의 말을 잘 듣지 않습니다. 특히 요즘 학생들은 더욱 그렇습니다. 요즘 아이들이 어른들의 말을 잘 듣지 않는 이유는 가정 환경 때문입니다. 요즈음에는 아이를 한 명만 낳아 키우기 때문에 가난한 집 아이든 부잣집 아이든 모두 집에서는 왕자와 공주로 키워집니다. 집이 가난하다고 해서 고생하며 크는 아이는 별로 없습니다. 부모가 아무리 형편이 어려워져도 아이에게는 전과 다름없이 원하는 대로 해주려고 노력합니다. 그렇게 자라기 때문에 극단적으로 말하면, 부모가 자식을 아끼는 나머지 애완동물처럼 키웠다고 이해하는 것이 좋습니다.

선생님들은 다만 바른 길을 일러주고 말할 뿐이어야 합니다. 학생들이 그 말을 모두 들어야 한다고 생각하면 결국은 스스로 스트레스를 받아 괴로워집니다.

◆— **전환기 시대의 선생님 역할**

이제, 우리 사회의 새로운 현실 속에서 선생님의 역할이 무엇인지, 그것을 어떻게 풀어나가야 할지를 생각해 봅시다.

선생님의 마음공부

어릴 때 아이들이 초등학교 들어가기 전까지는 그냥 따라 배우기만 합니다. 이것은 새겨지는 과정, 즉 각인 작용입니다. 그렇게 해서 기본 틀인 자아가 형성되는 것이며, 그것이 의식 밑바닥에 있는 무의식 세계의 가장 기본이 됩니다. 이것은 흰 종이를 붉은 물감에 집어넣으면 붉게 되고, 푸른 물감에 집어넣으면 푸르게 되는 것과 같습니다. 일본 사람은 일본 말을 하게 되고, 일본 음식을 먹으며 일본 음식에 길들게 되고, 사람은 이렇게 물드는 대로 무의식 세계가 형성되어 갑니다.

이제 이런 아이들이 학교에 오면, 각각 다른 물이 든 사람들과 어떻게 공존하느냐 하는 문제가 생깁니다. 이것을 학교에서 선생님이 가르쳐야 합니다. 가치관이 다르고, 생각이 다르고, 취미가 다르고, 상황에 따라 받는 느낌이 다른 아이들이 학교에 오면, 한 울타리 안에서 공존하기 위해 윤리와 규칙이 생기게 됩니다. 집에서는 자기 하고 싶은 대로 하게 놓아두었을지 모르지만 학교에서는 선생님이 자기 마음대로 하고 싶어 하는 것을 조절해주어야 합니다. 옛날에는 집에서 가르치는 것이 어느 정도 있었습니다. 아이들을 예닐곱 명씩 낳아 길렀기 때문에 각자가 모두 하고 싶은 대로 할 수가 없었고 집에서 자연스럽게 서열이 매겨지면서 공동 생활의 규칙을 배웠습니다. 이 과정을 거친 이후에 학교에 오기 때문에 학교에서의 공동 생활이 비교적 수월했습니다. 그런데 요즘 아이들은 혼자 자라기 때문에 공동 생활을 할 수 있는 훈련이나 배움이 전혀 없는 상태라고 해도 과언이 아닙니다.

그러므로 이제는 유치원이나 초등학교에서 공동 생활하는 법을 길러줘야 합니다. 아이들이 말을 잘 듣지 않는 것은 당연하며, 따라서 교사는 인내와 애정을 갖고 아이들을 지켜봐 주는 것이 필요합니다. 사람이 같이 모여 사는데 필요한 질서를 잡아주고, 사람이 되도록 해주는 것입니다. 사람이 되도록 한다는 것은 생물학적으로 태어나 부모 품에서 기본적인 인간의 심성이 길러졌다 하더라도 공동 생활에 익숙하지 않은 아이에게 여러 사람이 함께 생활하기 위한 기본 질서를 잡아주는 것이며, 바로 이런 것을 가르치는 사람이 선생님이고 스승입니다. 선생님들이 영어나 수학을 가르치는 것은 기술과 지식의 전달에 속하며, 인생을 살아가는 길을 가르쳐 주는 것이 바로 가르침입니다. 가르치는 사람에도 여러 가지 종류가 있습니다. 선생님은 그 중에서도 스승의 역할을 하는 사람이기 때문에 '교사'라고 말하는 것입니다.

그런데 지금에 와서는 스승의 역할이 없어지고 있습니다. 교사 본인도 그런 역할을 자신이 해야 한다고 생각하지 않고, 영어나 수학이나 음악만 가르치면 된다고 생각합니다. 학교에 스승이 없어지고 있다는 말이며, 자라는 아이들에게 인생길을 일러주는 사람이 없어지고 있다는 말입니다. 설령 공동체의 질서를 가르치고자 하는 교사라 하더라도, 법과 규칙에 의해서 학생을 강제하려고만 합니다. 처벌을 중심으로 가르치는 것은 스승의 역할이 아닙니다. 이런 문제들을 우리가 잘 살펴봐야 합니다.

심성에 관계되는 교육은 주로 부모가 하게 됩니다. 심성이 비뚤어진 사람은 학교에 와서도 잘 고쳐지지 않는데, 이것은 부모 스스로가 변해야만 자식을 변화시킬 수 있습니다. 학교의 역할은 공동 생활을 하는 인간 사회의 질서를 가르쳐 주는 것입니다. 그것을 잘 배워야만 윤리적으로나

도덕적으로, 또는 법률적으로 정상적인 생활을 할 수가 있지요. 부모가 자식을 공동체 속에서 평균적인 사람으로 키우지 않으면 그 아이가 자라서 설령 높은 자리에 오른다 하더라도 결국은 불행해지게 됩니다.

선생님들이 학교에서 인간으로서의 삶의 질서를 잡아주지 않으면 결국 그것이 아이의 불행을 불러오게 되는 것입니다. 그런데 지금 선생님들은 그런 역할을 거의 포기하는 것 같습니다. 물론 힘들겠지요. 자기 과목만 잘 가르치고 말 안 들으면 점수로 깎아버리면 되는데, 인간이 되도록 가르치려면 자꾸만 부딪히는 일이 생기기 때문에 가능하면 외면하려고 합니다. 그러나 그렇게 되면 사회는 앞으로 점점 더 나빠지게 되는 것입니다.

다시 말씀드리지만 교사의 역할은—인간으로서 윤리와 도덕, 법률을 지키고 살 수 있도록 훈련시켜서 삶의 길을 보여주는 스승의 역할과 아이들이 그만한 나이에 배울 수 있는 전문 지식을 가르쳐 주는 역할—이 두 가지가 모두 중요합니다. 옛날에는 스승의 역할을 더욱 중요시하고 지식은 부차적이었는데 지금은 지식을 더욱 중요시해서 지나

선생님의 마음공부

치게 전문 지식만 가르쳐 주는 쪽으로 기울어 버렸습니다. 또한 옛날에는 어느 정도 가정 교육이란 것이 이루어졌지만 요즘은 가정 교육이 없는 것이나 같아서 학교의 역할이 지나치게 무거워진 것도 사실입니다. 그러나 이것이 우리가 당면한 현실이므로 학교에서 이런 문제를 적극적으로 풀어내야만 합니다.

◆— **행복한 선생님으로 살기 위한 수행**

선생님으로서 행복하게 살아가려면 반드시 자기 정진을 해야 합니다. 오늘날 교육의 문제들을 감당하려면 최소한 자기가 자기 인생 문제를 풀지 못해서 전전긍긍해서는 안 되기 때문에, 특히 교사들은 수행을 해야 합니다. 이 세상 사람들 누구나 수행을 해야 하지만, 교사들의 수행은 첫째 자기 자신을 위해서, 둘째는 아이들을 위해서 반드시 필요합니다. 우선 스스로 행복하고 평화롭기 위해서 수행을 해야 하며, 교사가 행복하고 평화로워야 아이들에게도 스승의 역할을 제대로 할 수 있고 행복이 무엇인지를 가르쳐 줄 수 있습니다. 훈계조로 가르쳐주는 것이 아니라 선생님의 삶에서 아이들이 자연히 배우게 됩니다.

갈수록 정신적으로 문제가 있는 아이들, 말을 잘 안 한다든지 순간적으로 굉장히 화를 낸다든지 하는 다루기 어려운 아이들이 많이 생길 것입니다. 부부 관계의 갈등이나 이혼 등의 여러 가지 이유로 아이의 심성이 형성되는 시기에 제대로 보살핌을 받지 못해 분노가 차서 자기도 모르게 까르마가 그렇게 형성되기 때문입니다.

이런 아이들에 대한 치료를 위해서는 일차적으로 부모가 수행하는 것이 가장 중요하지만, 선생님도 이런 아이들을 잘 살펴보아야 합니다. 살펴서 문제가 발견되면 무조건 처벌하는 것이 아니라 부모를 상담해야 합니다. 대부분의 부모는 자기 자식이 그런 줄을 잘 모르고 있으니 알려주기 위해서이기도 하지만, 아이들의 문제를 해결하기 위해서는 부모를 먼저 고쳐야 하기 때문입니다. 불안정한 심성을 가지고 있는 아이는 부모를 불러서 몇 번 상담을 해 보면, 엄마의 심리가 불안하다든지 갈등이 있다든지 하는 것을 알 수 있습니다. 그러면 아이를 위해서 엄마에게 조언을 해야 합니다. 부모의 문제를 먼저 해결해야만 아이의 문제가 해결될 가능성이 열린다는 것을 알려주어야 합니다.

이와 같이 선생님의 역할은 아이가 인격적으로 원만하게 자라 이 사회에서 공동생활을 해 나갈 수 있도록 잡아주는 것이며 지식 전달은 부차적인 것입니다. 그러나 지식 전달 또한 틀림없이 중요한 역할이므로 선생님이 가진 재능과 지식을 가르쳐 주면서 아이들에게 신뢰를 얻을 수 있어야 합니다. 이 두 가지 역할을 원만히 해 나가는 것이 필요하며, 그럴 때 교사로서의 보람이 있는 것입니다.

아이가 어른이 되면
부모는 자기 마음을 억제해서
자식이 제 갈 길을 가도록
정을 끊어주는
냉정한 사랑이
필요합니다.

수행 공동체 정토회

개인은 행복하고,
사회는 평화로우며,
자연은 아름다운 세상,
정토회가 꿈꾸는 세상입니다.

◆— 정토회는 개인의 삶을 변화시키는 수행을 기초로 해서 빈
곤, 갈등, 환경 파괴 등 현대 사회 전반에 걸친 고통을 해
결하기 위해 설립된 수행 공동체입니다.

◆— 정토회는 붓다의 가르침을 토대로 생태환경운동, 기아·질
병·문맹 퇴치운동, 평화·인권·통일운동을 하고 있습니다.

◆— 정토회는 전 지구적인 관점에서 오늘의 문제를 바라보고
스스로 문제해결의 주인으로 나설 수 있도록 공동체를 만
들어왔습니다.

◆— 정토회는 코로나 팬데믹 이후 모든 활동을 온라인으로 전
환하면서 전 세계 회원들이 자신의 지역을 중심으로 활동
하고 있습니다.

수행자의 행동 — 활동가의 수행

◆— 이 세상의 모든 것은 연관된 하나임을 깨달아 함께 살고 함께 행복해지는 길을 추구합니다.

◆— 일과 수행의 아름다운 조화를 이룹니다. 자기를 변화시키는 수행의 힘으로 사회 변화를 이루고자 합니다. 정토행자는 바로 이 땅에 '맑은 마음, 좋은 벗, 깨끗한 땅'을 실현하기 위해 날마다 참회하고 서원을 세우며 정진합니다.

◆— 무보수 자원활동가들이 행동합니다. 나를 위한 일을 하고 누군가에게 대가를 바라지 않습니다. 정토를 만드는 일은 모두 나의 일이기 때문에 어떤 대가도 바라지 않고 흔쾌히 마음껏 일합니다.

◆— 만일결사로 정토 세상을 이루어 갑니다. 정토회는 지난 1993년 3월, 정토 세상을 이루기 위하여 만일결사를 시작했습니다. 2022년 12월 1차 만일결사를 회향하고, 2023년에 다시 제2차 만일결사를 시작합니다.

◆— 자기를 돌아보는 수행의 힘으로 사회를 바꾸려는 사람은 누구나 정토행자가 될 수 있습니다. 스스로 문제 해결의 주인으로 나서서 수행하고, 봉사하고, 보시함으로써 세상을 바꾸는 정토행자 운동입니다.

대표전화	02) 587-8990
인터넷 정토회	www.jungto.org
사단법인 한국제이티에스	www.jts.or.kr
사단법인 에코붓다	www.ecobuddha.org
사단법인 좋은벗들	www.gf.or.kr
재단법인 평화재단	www.pf.or.kr
정토출판	book.jungto.org
행복학교	www.hihappyschool.com
Jungto International	www.jungtosociety.org

facebook.com/ven.pomnyun

youtube.com/jungtosociety

instagram.com/ven.pomnyun

삶이 조금씩 달라지는 책은
인간 사회의 여러 현상과 문제에 대해
붓다의 가르침으로 해법을 제시합니다.
삶이 조금씩 달라지는 책은
다양한 주제로 계속 출간됩니다.
여러분의 후원을 기다립니다.